Germaine Haas

Symbolik und Magie in der Urgeschichte

Germaine Haas

Symbolik und Magie in der Urgeschichte
– ihre Bedeutung für den heutigen Menschen

Verlag Paul Haupt Bern und Stuttgart

Herrn Prof. Dr. H.-G. Bandi, Bern, bin ich dankbar für die Vermittlung von Kenntnissen in der Prähistorie und die kundige Führung durch frankokantabrische Höhlen.

Die Deutsche Bibliothek – CIP-Einheitsaufnahme

Haas, Germaine:
Symbolik und Magie in der Urgeschichte – ihre Bedeutung für den heutigen Menschen / Germaine Haas. – Bern; Stuttgart; Haupt, 1992
  ISBN 3-258-04488-0

Alle Rechte vorbehalten
Copyright © 1992 by Paul Haupt Berne
Jede Art der Vervielfältigung ohne Genehmigung des Verlages ist unzulässig
Printed in Switzerland

Umschlagbild: «Venus» von Laussel mit Bisonhorn

Inhaltsverzeichnis

Einleitung 7

Erster Teil 9

1. **Der Eiszeitmensch** 9
   Seine Umwelt 9
   Seine Kunst 10

2. **Erforschung der Eiszeitkunst** 14
   Geschichte der Entdeckungen 14
   Geschichte der Deutungen 17

3. **Symbolkunde als Mittel zur Deutung
   eiszeitlicher Kunst** 23
   Einführung in das Symbolverständnis 23
   Kreuz und Spirale 25

4. **Tiefenpsychologie als Mittel
   zur Deutung eiszeitlicher Kunst** 33
   Archetypen 33
   Bewusstseinsentwicklung 33
   Die Auseinandersetzung mit dem Tod 34

5. **Die magische Geisteshaltung** 37
   Das Wesen der Magie 37
   Die Wiedergeburtsmagie 39
   Die magische Fortzeugung der Toten 48
   Die Rolle der Tiere im magischen Weltbild 53

Zweiter Teil 57

6. **Das Menschenbild in der Eiszeitkunst** 57
   Bedeutung und Darstellung des Weiblichen 57
   Bedeutung und Darstellung des Männlichen 73
   Bedeutung und Darstellung des Paares 81

7. **Der Symbolgehalt der Tiere und ihre Darstellung in der Eiszeitkunst** 90
Die Stellvertretung bei der magischen Zeugung und Wiedergeburt 90
Pferd – Bison – Auerochse – Hirsch – Rentier – Steinbock – Mammut – Nashorn – Bär – Raubkatzen – Fisch – Vogel – Schlange

8. **Anthropoide** 188

9. **Die Hand** 193

10. **Besondere Merkmale an figürlichen Darstellungen** 198

11. **Deutung einzelner Szenen** 203

Schlussbetrachtungen 209

Anhang

Übersichtskarte des franko-kantabrischen Gebietes 230

Verzeichnis der erwähnten jungpaläolithischen Fundorte .. 232

Bibliographie 233

Glossar 235

Einleitung

Erich Fromm:
«Ich halte die Symbolsprache für die einzige Fremdsprache, die jeder Mensch lernen sollte.»

Die Eiszeitkunst gibt uns Rätsel auf, die nie mit Sicherheit zu lösen sind. Wenn seit ihrer Entdeckung immer wieder Versuche unternommen werden, sie zu deuten, geschieht dies nicht allein aus wissenschaftlichem Interesse, sondern auch aus dem Wunsch, in den mythischen Grund menschlichen Seins und damit in die Tiefe der eigenen Psyche vorzustossen.

Schwierigkeiten bieten dabei das Fehlen jeglicher schriftlicher Überlieferung und das Unvermögen, sich in die Mentalität unserer Vorfahren hineinzuversetzen, was bereits bei nur wenigen zurückliegenden Generationen kaum nachvollziehbar ist.

In einer durch Naturwissenschaft und Technik geprägten Welt, die mit grosser Beschleunigung rationale Erkenntnisse hervorbringt und mit diesen in Bereiche eindringt, wo möglicherweise unheilvolle Entwicklungen zu befürchten sind, beginnt sich der Mensch auf Werte zu besinnen, welche sich dem reinen Intellekt entziehen. Er versucht eine Ganzheit zu finden, in der das Irrationale, vor allem Intuition und Botschaften des Unbewussten, ebenbürtig neben den intellektuellen Leistungen bestehen und das mythische und das empirisch-rationale Denken den gleichen Stellenwert besitzen. Diese Suche nach dem Gleichgewicht der menschlichen Möglichkeiten, das wachsende Interesse für die alten Weisheiten der Völker und für das neue Wissen der Tiefenpsychologie, werden leider in unserer Konsumgesellschaft oft irregeleitet und in einer unüberblickbaren Anzahl von Büchern sowie im Angebot verschiedenster Kurse zur Lebensbewältigung vermarktet.

Bei der wissenschaftlichen Untersuchungsweise werden subjektive, besonders psychologische Faktoren so weit wie möglich ausgeschaltet und relativ objektive Daten verwendet (relativ, weil durch deren Wahl und die Art der Wahrnehmung eine subjektive Komponente nie ganz auszuschliessen ist).

Da die Archäologie weitgehend von der Interpretation ihres Materials abhängig ist, zählt sie zu den Geistes- und nicht zu den Naturwissenschaften. Im Hinblick auf die Kunst der Eiszeit enthalten sich viele Forscher einer Deutung und beurteilen nur die tatsächlichen Gegebenheiten. Will man von letzteren ausgehend Rückschlüsse auf das geistige Leben der Eiszeitjäger ziehen und eine Sinndeutung ihrer Kunst versuchen, wird zweifellos persönliches Gedankengut des Interpretierenden in die gebotenen Hypothesen einfliessen. Dies braucht allerdings kein Nachteil zu sein, werden doch dadurch verschiedene Assoziationen geweckt, die vielleicht in der Deutung einen Schritt weiterführen.

Im folgenden wird mit Hilfe von Symbolkunde und Tiefenpsychologie zu ergründen versucht, welchen Vorstellungen der Mensch der jüngeren Altsteinzeit in der Kunst Ausdruck verlieh, was ihn dazu antrieb, Werke zu schaffen, die es uns ermöglichen, etwas über sein Weltbild zu erfahren. Die vorgeschlagene Deutung soll einen Teil des Dunkels ausleuchten, in das die Mentalität unserer Ahnen für uns gehüllt ist, und dabei Denkanstösse für weitere Forschung geben.

Hinweis
Der Begriff «Paläolithiker» wird in diesem Buch in seiner Bedeutung als «Mensch der Altsteinzeit» verwendet und bezeichnet nicht den Prähistoriker.

Erster Teil

1. Der Eiszeitmensch

Seine Umwelt

Die ersten Spuren organischen Lebens auf unserer Erde sind vor rund einer Milliarde Jahren aufgetreten. Die aufrechtgehenden Vormenschen oder Hominiden betraten nach dem jetzigen Stand der Forschung die Weltbühne erst etwa drei bis vier Millionen Jahre vor unserer Zeit, wobei ihre biologische und später kulturelle Entwicklung zuerst äusserst langsam verlief, um sich dann zunehmend zu beschleunigen. Ihre Umwelt war starken Veränderungen unterworfen. Das Klima schwankte von Wärme- zu Kälteperioden, und Flora und Fauna haben sich entsprechend gewandelt. Die letzte Eiszeit (Würm), in die jene Kunstepoche fällt, die im folgenden besprochen wird, dauerte von etwa 90 000 bis 10 000 Jahren vor unserer Zeit. Vor ungefähr 40 000 Jahren wurde der Neandertaler, welcher bereits spezialisierte Geräte anfertigte, Ritzungen auf Knochensplittern anbrachte, Tierzähne als Anhänger trug und vor allem seine Toten – zum Teil mit Beigaben – bestattete, durch einen neuen Menschentypus abgelöst: den Homo sapiens sapiens, nach einer Fundstelle in Nord-Frankreich auch *Cro-Magnon*-Mensch genannt. In bezug auf körperliche Merkmale wie Skelettbau und Schädelvolumen entsprach er dem Jetzt-Menschen, und der berühmte französische Archäologe ABBÉ H. BREUIL hat von ihm gesagt, dass er sich kaum von den anderen Passagieren unterscheiden würde, wenn er in der Pariser Metro sässe. Wie er etwa ausgesehen haben mag, verraten uns sowohl auf Schädelfunden beruhende Nachbildungen als auch die von einem Künstler jener Zeit geschaffene Elfenbeinskulptur eines Frauenkopfes (Abb. 1 und 2).

Abb. 1 Rekonstruktion des homo sapiens sapiens vom Typ Cro-Magnon.

Abb. 2 Frauenköpfchen aus Elfenbein (Brassempouy)

Der Cro-Magnon-Mensch hat die oben erwähnte Kälteperiode angetroffen, welche vor etwa 20 000 Jahren ihren Höhepunkt erreichte. Skandinavien lag damals unter einer mächtigen Eisdecke, die Gletscher reichten bis Nord-Deutschland, und im Durchschnitt waren die Temperaturen um acht bis zehn Grad niedriger als heute. In der baumlosen, tundraähnlichen Steppe lebten die Jagdtiere, allen voran die Rene, dann auch Wildpferde, Wisente, Urrinder, Mammuts usw. Die Rentiere, deren Herden die Menschen folgten, lieferten nicht nur Fleisch, sondern auch Felle und Leder für die Bekleidung, Geweihe und Knochen für die Herstellung von Geräten und Waffen und Material für Werke der Eiszeitkunst. Neben der Jagd trugen Fischfang und Sammeln pflanzlicher Nahrung zum Lebensunterhalt bei.

Als Halb-Nomade baute der Eiszeitjäger Zelte und Hütten auf freiem Feld oder benützte dort, wo es die topographischen Verhältnisse erlaubten, Felsüberdachungen, sogenannte Abris, und Höhleneingänge als Wohnstätten.

In der Technik der Geräte zeigt sich vom Neandertaler zum Cro-Magnon-Menschen ein grosser Fortschritt; seine Erzeugnisse sind vielfältiger und differenzierter. Wie der französische Forscher A. LEROI-GOURHAN annimmt, war die Intelligenz des eiszeitlichen Homo sapiens sapiens der unsrigen ebenbürtig. Dies ist umso wahrscheinlicher, als ein Überleben unter so schwierigen Bedingungen, wie sie die Eiszeit bot, den Einsatz hoher Geistesgaben erforderte. Was körperliche Leistungsfähigkeit und Schärfung der Sinnesorgane betrifft, könnten wir einem Vergleich kaum standhalten. Gutes Gehör und optimales Sehvermögen waren für die Jäger von vitaler Bedeutung.

Seine Kunst

Der Cro-Magnon-Mensch erweist sich aber auch darin als unser direkter Ahn, dass er die Fähigkeit besass, sich schöpferisch zu betätigen und in Symbolen auszudrücken, was über den menschlichen Verstand hinausgeht. Zum rationalen Begreifen seiner Umwelt und seiner Existenz kam die Ergriffenheit durch das Übersinnliche, und diese führte ihn dazu, Kunstwerke von bleibendem Wert zu schaffen.

Die künstlerischen Äusserungen jener Zeit – Skulpturen, Reliefs, Gravierungen und Malereien – werden unter dem Begriff «Eiszeitkunst» zusammengefasst. Allerdings – und das muss betont werden – hat nur ein Bruchteil der Werke überdauert, von dem wiederum nur ein Teil entdeckt wurde. Arbeiten aus Holz und Rinde, Flechtereien usw. hielten der Zerstörung im Lauf vieler Jahrtausende nicht stand. Am besten geschützt waren die Malereien in den Höhlen, wo gleichbleibende atmosphärische Bedingungen herrschen und kaum Licht eindringt. Gut erhalten sind auch Werke der Kleinkunst (oder mobilen Kunst) aus Stein, Mammutelfenbein, Knochen und Geweih, die in Höhlen oder in zur Konservierung geeigneten geologischen Schichten lagen.

Zu ihnen zählen einerseits verzierte Stein- und Knochenplatten verschiedener Grösse und Statuetten von Tieren und Menschen, andrerseits Geräte und Waffen, die zum täglichen oder nur rituellen Gebrauch bestimmt waren.

Die meisten Höhlenbilder sind in West-Europa anzutreffen, im südfranzösischen Departement Dordogne, in den Pyrenäen, im Küstengebirge des nördlichen Spanien, vereinzelt in Süd-Spanien und Italien. Weit entfernt von den Fundstätten dieses sogenannten franko-kantabrischen Gebiets wurden noch Höhlenbilder im südlichen Ural entdeckt. Bis jetzt sind über 150 geschmückte Höhlen und Felsüberhänge bekannt (Stand 1984).

Die Kleinkunst ist über weite Teile Europas von Frankreich, Spanien, Italien, Schweiz, Deutschland, Österreich, ČSFR, bis nach Sibirien verbreitet.

Bei der Gestaltung seiner Kunstwerke hat der Paläolithiker eine ausserordentliche Beobachtungsgabe und ein gutes Vorstellungsvermögen bewiesen. In den Höhlen muss seine Phantasie durch Gesteinsbildungen an den Wänden und durch die bizarren Gestalten der Stalaktiten und Stalagmiten in hohem Grad angeregt worden sein. Mit wenigen Retouchen hat er verdeutlicht, was sich ihm in den gegebenen Formen offenbarte, und ist dann dazu übergegangen, unabhängig von solchen Vor-Bildern auch zweidimensional zu zeichnen. Dieser Weg zur künstlerischen Betätigung scheint eher glaubwürdig als die Annahme gewisser Forscher, die Kratzspuren der Höhlenbären hätten ihr zugrundegelegen.

Dass es auch in der Vorzeit mehr oder weniger begabte Künstler gab, versteht sich von selbst und erklärt die unterschiedliche

Qualität der Darstellungen. Wahrscheinlich sind im Verlauf der Jahrtausende nicht immer grosse Könner am Werk gewesen, und viele, eher unbeholfene Bilder, stammen von laienhaften Urhebern.

In der Parietalkunst wurden verschiedene Techniken angewendet. Gravierungen erzielte man mit harten Ritzwerkzeugen, die in der Kalksinterschicht oder der durch Feuchtigkeit erweichten Wand der Höhlen Linien hinterliessen. Zum Malen dienten in Wasser gelöste Naturfarben (Eisenoxyde, Manganoxyde, Kalzite), welche mit den Fingern, mit Haarpinseln oder ausgefransten Zweigspitzen aufgetragen wurden. Oft trifft man auch die Kombination von Gravierung und Malerei an. Schraffierungen, Farbgebung innerhalb der Umrisslinien und die Ausnützung des natürlichen Reliefs der Felswände verleihen manchen Figuren eine grosse Lebendigkeit.

Eine recht häufig zu sehende Besonderheit der Höhlenkunst bilden die Überzeichnungen. Es stellt sich die Frage, weshalb mehrere Bilder übereinander angebracht wurden, obwohl kein Mangel an freiem Malgrund herrschte. Man könnte einerseits annehmen, dass ganz bestimmten Stellen eine wichtige Bedeutung zukam und sie deshalb immer wieder als Bildfläche dienten. Andrerseits war vielleicht der Vorgang des Zeichnens an sich eine rituelle Handlung, vergleichbar der Anfertigung tibetanischer Meditationsbilder (Thangkas). Im Kapitel über Magie werden wir sehen, dass der Paläolithiker mit der bildlichen Wiedergabe ein Objekt gewissermassen zu bannen und dadurch auf zauberhafte Weise seiner Kräfte habhaft zu werden wünschte.

Zeitlich gehört die Eiszeitkunst zum Jungpaläolithikum (jüngere Altsteinzeit), sie dauerte etwa von 30 000 bis 10 000 vor unserer Zeit und wird meistens in drei bis vier Phasen eingeteilt. Da der Symbolgehalt der Kunstwerke gleichgeblieben ist und sich nur seine Ausgestaltung gewandelt hat, sind die Stilformen für die Deutung nicht ausschlaggebend. Es sei hier nur beiläufig auf die Namen der wichtigsten Kulturabschnitte hingewiesen: Aurignacien, Gravettien, Solutréen und Magdalenien. In die letzte Phase, die nach dem Fundort La Madeleine im Departement Dordogne benannt ist, fällt die Hochblüte der Eiszeitkunst. Der Mensch des Magdalenien hat sie zur Vollendung geführt und sowohl die Produktion als auch die künstlerische Varietät gesteigert.

2. Erforschung der Eiszeitkunst

Geschichte der Entdeckungen

Schon im 19. Jahrhundert wurden zahlreiche Geräte und Waffen des Paläolithikers gefunden, die es erlauben, seine materielle Kultur zu rekonstruieren. Als man aber auf Kunstwerke stiess, die seine geistige Kultur widerspiegelten, seine Auseinandersetzung mit den Problemen des Lebens und seine Beziehung zum Übersinnlichen erkennen liessen, stellte sich ein allgemeines Misstrauen ein. Man kannte wohl die Kunst der Antike und der Kelten, glaubte aber nicht daran, dass schon in der Urzeit Kunstwerke von hohem Rang hätten geschaffen werden können. Der Paläolithiker wurde als «primitiv» eingestuft, und man erwartete von ihm primitive künstlerische Äusserungen.

Einer der ersten Funde, ein 1834 entdeckter Knochen mit zwei eingravierten Hirschkühen aus der Höhle von Chauffaud, wurde den Kelten zugeschrieben (Abb. 3).

1864 grub E. LARTET in der Höhle La Madeleine ein Stück Mammutelfenbein mit der Ritzzeichnung eines Mammuts aus, was eigentlich die Fachwelt vom hohen Alter des Stückes hätte überzeugen können, war doch dem Künstler das eiszeitliche Tier bekannt gewesen! Obwohl noch weitere Objekte der Kleinkunst zutage kamen, blieben die Zweifel an ihrer Datierung bestehen.

Man glaubte auch an Fälschungen, deren es tatsächlich welche gegeben hat: 1873 wurde in der Rentierjäger-Siedlung Kesslerloch im schweizerischen Thayngen nebst anderen verzierten Knochengeräten das berühmt gewordene Stück Rengeweih mit der schönen Gravierung eines Rentiers ausgegraben und veröffentlicht. In die Publikation gerieten auch die Bilder eines Bären und eines Fuchses, die ein Grabungsarbeiter durch einen Schüler hatte anfertigen lassen. Als man die gleichen Abbildungen in einem Kinderbuch wiedererkannte, brach ein Skandal aus. Die gesamte Eiszeitkunst wurde angezweifelt, und es entstand, besonders im deutschen Raum, ein jahrzehntelanger Streit um die Echtheit der Tierdarstellungen (Abb. 4 und 5).

Abb. 3   Gravierung auf Knochen (Chaffaud)

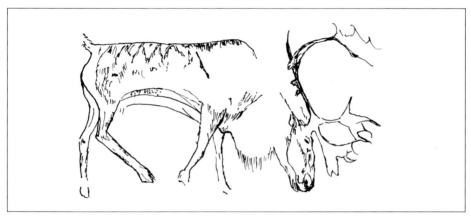

Abb. 4   Gravierung auf Lochstab (Kesslerloch)

Abb. 5   Fälschungen aus dem Kesslerloch

Um die Anerkennung der Höhlenkunst war es noch schlechter bestellt, und es dauerte bedeutend länger, bis man sie richtig einschätzte.

Ein besonders dramatisches Kapitel der Entdeckungsgeschichte eiszeitlicher Kunst bietet die Höhle von Altamira. Als im Jahr 1879 der spanische Archäologe MARCELINO DE SAUTUOLA auf die später berühmt gewordenen Malereien an der Decke eines grossen, niedrigen Gewölbes der Grotte stiess – eigentlich war es seine kleine Tochter, welche als erste die Bilder erblickte – reagierten seine Fachkollegen mit Ablehnung. Bisher hatte man den Paläolithiker nach seinen handwerklichen Fähigkeiten beurteilt, ohne ihm Kunstwerke von solcher Schönheit zuzutrauen. Im Gegensatz zu dieser Voreingenommenheit erkannte SAUTUOLA mit intuitiver Sicherheit das prähistorische Alter der Malereien. Es folgten über zwanzig Jahre erbitterter Kontroversen, in denen Verständnislosigkeit und wissenschaftliche Vorurteile eine richtige Einschätzung der Darstellungen verhinderten, die als spätere Erzeugnisse oder sogar als Fälschungen angesehen wurden. Ein gewisses Verständnis muss man allerdings dieser skeptischen Haltung entgegenbringen: Die Vollkommenheit der Malereien von Altamira liess sich nicht mit der Vorstellung vereinbaren, welche damals vom Eiszeitmenschen herrschte. Der Fortschrittsglaube jener Zeit und die Tatsache, dass an die 15 000 Jahre alte Bilder bereits einen Höhepunkt der Kunst darstellten, liessen sich nicht auf einen Nenner bringen. Dass die Kunst sich beim homo sapiens früher entfaltet hat als die Technik, zu deren Entwicklung es langer Erfahrung und der Zusammenarbeit vieler bedurfte, blieb unberücksichtigt. SAUTUOLA wurde erst nach seinem Tod rehabilitiert, nachdem man ihn zu Lebzeiten heftig kritisiert und sogar des Betrugs bezichtigt hatte.

1895 entdeckte man in der Höhle von La Mouthe mehrere Gravierungen, ohne ihnen Beachtung zu schenken. Man hielt es für unwahrscheinlich, dass Bilder ausserhalb des Tageslichtbereiches angebracht worden wären. Selbst der Fund einer kleinen steinernen Lampe mit eingeritztem Steinbock, die offensichtlich zur Erhellung der Höhle gedient hatte, vermochte die Zweifler nicht von der Echtheit der Bildwerke zu überzeugen (Abb. 6). 1901 wurden in der gleichen Gegend mehr als 300 Gravierungen in Les Combarelles und farbige Malereien in Font-de-Gaume durch

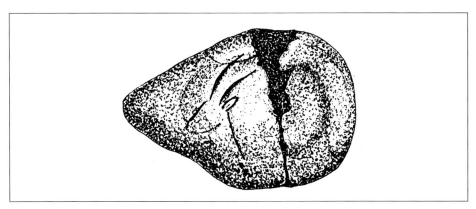

Abb. 6 Öllämpchen mit Steinbock (La Mouthe)

eine Forschergruppe genau untersucht und als eiszeitliche Darstellungen erkannt. Zu dieser neuen Generation von Prähistorikern gehörte der Franzose ABBÉ H. BREUIL, welcher der Forschung wichtige Impulse verlieh. Er kopierte den weitaus grössten Teil der entdeckten Bilder (fotografische Aufnahmen wurden damals noch nicht gemacht), wobei es ihm gelang, auch die kompliziertesten Liniengewirre zu entziffern. Ihm, dem Deutschen H. OBERMAIER und dem Franzosen E. CARTAILHAC, der sich zuerst gegen die Malereien von Altamira ausgesprochen hatte, ist es neben andern zu verdanken, dass die Eiszeitkunst nach vielen Widerständen als älteste Kunst der Menschheit gewürdigt wurde.

Geschichte der Deutungen

Zur Deutung der Eiszeitkunst sind bisher die verschiedensten Theorien entwickelt worden.

Jagdmagie

Von Magie war erstmals beim englischen Ethnologen TAYLOR (1865) die Rede, dann vor allem bei S. REINACH, der 1903 «L'Art et la Magie» publizierte. H. BREUIL wies bei der Beurteilung der Bilder von Altamira ebenfalls auf den magischen Gehalt der Darstellungen hin, und auch H. KÜHN sah in der Magie den wichtigsten Beweggrund zur Kunst. Diese Theorien wurden vorbehaltlos angenommen, wobei man unter Magie allgemein Jagdmagie verstand, ein Tötungszauber, der mit der Wiedergabe getroffener Tiere eine erfolgreiche Jagd gewährleisten sollte. Man glaubte auf gewissen Bildern Waffen und Tierfallen zu erkennen, die diesem Zwecke dienten. Allerdings ist kaum verständlich, weshalb beim Einsetzen von Jagdzauber nur ein kleiner Teil der Tiere als getroffene Beute dargestellt wurde.

Vor allem aber gilt folgender Einwand gegen die Theorie der Jagdmagie: Vom meistgejagten Tier, dem Ren, sind in der Höhlenkunst relativ wenige Bilder zu finden, vom Pferd dagegen sehr viele, obwohl es bei der Ernährung des Eiszeitjägers in West-Europa eine geringere Rolle spielte, wie aus den Knochenresten ersichtlich ist. In Lascaux z. B. beträgt der Anteil der gefundenen Pferdeknochen 0,8 %; dem steht ein Anteil von 88,7 % Renknochen gegenüber. Bei den Tierdarstellungen derselben Höhle sind die Pferde mit 59,5 %, die Rentiere mit nur 0,16 % vertreten. In Altamira wurden hauptsächlich Hirsche gegessen und Bisons dargestellt. In der Pyrenäenhöhle von La Vache wurden sogar nur 0,01 % Pferderückstände ausgegraben, die Hälfte aller wiedergegebenen Tiere bilden aber die Pferde. Auch in der Kleinkunst kommt das Ren seltener vor als das Pferd, obwohl es z. B. in Petersfeld 35 % der alimentären Fauna liefert, das Pferd dagegen nur 5,8 %. Man steht somit vor der erstaunlichen Tatsache, dass die überwiegend gejagten Tiere selten, andere Tierarten dagegen häufig dargestellt wurden. Damit dürfte die Theorie der Jagdmagie, die lange Zeit aufrechterhalten wurde, widerlegt sein.

Ethnologische Vergleiche

Schon im 19. Jahrhundert wurden zur Sinndeutung der Eiszeitkunst Vergleiche mit heute lebenden Naturvölkern gezogen. Die Ethnologie liefert zwar interessante Tatsachen, sollte aber nicht überbewertet werden, handelt es sich doch bei Buschmännern, Maoris usw. um Völkerschaften, die sich nicht weiterentwickelt haben, wogegen die Jungpaläolithiker in voller Evolution begriffen waren. In bezug auf die geistige Kultur können sie nicht miteinander verglichen werden.

Am ehesten liessen sich Analogien zu Jägerkulturen wie jenen der Indianer und Eskimos finden. Dies trifft besonders auf den Schamanismus zu. In diesem wird der Kontakt mit dem Übersinnlichen von einer überragenden Persönlichkeit, dem Schamanen, hergestellt, welcher die Fähigkeit besitzt, sich in Trance auf andere Bewusstseinsebenen zu begeben und Botschaften von Geistern oder Dämonen zu empfangen. Ob es bei den Paläolithikern einen Schamanismus gegeben hat, lässt sich nicht sicher sagen. Möglicherweise könnten bestimmte Rituale durch einen Schamanen vollzogen worden sein.

Es ist bei der Deutung der Eiszeitkunst auch von Totemismus die Rede gewesen. Dieser ist gekennzeichnet durch den Glauben an Ahnengeister, die in der belebten und unbelebten Natur als Tiere, Pflanzen, Steine usw. verkörpert sind, dort ihre Wirkung entfalten und mit denen sich der Einzelne oder der Clan in verwandtschaftlicher Beziehung fühlt. Das Totem wird als Beschützer verehrt; es ist tabu, d. h. es darf weder beschädigt noch mutwillig getötet werden. Zu diesen religiösen Vorstellungen kommt noch eine differenzierte Sozialordnung. Was nun die Kunst der Eiszeit betrifft, so lassen sich die Darstellungen verwundeter Tiere nicht mit den Anschauungen des Totemismus vereinbaren. Auch müssten mehr Tierarten vertreten sein, da jeder Clan ein eigenes Totem beansprucht.

Verhaltensforschung

Einen wichtigen Beitrag zur Deutung der Eiszeitkunst kann die Verhaltensforschung leisten. Der eiszeitliche Jäger, der auf die Fauna existentiell angewiesen war, hat schon damals eine Art «Verhaltensforschung» betrieben. Seine geschärften Sinne erlaubten es ihm, Gewohnheiten und Merkmale der Tiere genau zu beobachten, die geringsten Veränderungen wahrzunehmen und sie in den künstlerischen Darstellungen differenziert wiederzugeben. Auf Besonderheiten im Erscheinungsbild oder ein bestimmtes Gehaben der Tiere wurde dabei nicht ohne Absicht grosses Gewicht gelegt.

Die Verhaltensforschung ermöglicht z. B. eine wahrheitsgetreue Interpretation der bereits erwähnten Rendarstellung aus dem Kesslerloch. Das auf einem Lochstab eingravierte Tier wurde allgemein als «weidend» bezeichnet. Fachleute haben aber darauf hingewiesen, dass es aufgrund seiner Körperhaltung mit gesenktem Kopf, eingezogenem Bauch und hochgestelltem Wedel als Renhirsch zu gelten hat, der einem brünstigen Weibchen auf der Spur ist oder sich zum Angriff auf einen Rivalen bereitstellt. Der auffällig gebogene Hals mehrerer Pferde lässt an die Imponierhaltung der Hengste denken. Deutlich zu sehen ist dies u. a. an einem Elfenbeinfigürchen aus der Höhle in Vogelherd (Abb. 7). Auf einem Knochenstück aus La Vache ist ein Bisonkopf mit heraushängender Zunge abgebildet, auch dies ein besonderes Merkmal, denn man weiss, dass die Bullen in der Brunstzeit nachts brüllen und dabei die Zunge herausstrecken (Abb. 8). In Altamira zeigen einige Bisons ein spezifisches Verhalten: Sie wälzen sich in ihrem Urin, um damit Markierungen anbringen zu können. Den männlichen Lachsen wächst während der weiten Wanderung vom Meer in die Oberläufe der Flüsse, die sie zur Laichzeit aufsuchen, ein Haken am Unterkiefer. Dieser ist auf den Darstellungen der Eiszeitkunst genau wiedergegeben.

Wenn man in Betracht zieht, dass der Paläolithiker diesen Merkmalen einen bestimmten Wert beigemessen und damit eine besondere Aussage verbunden hat, kommt man dem Verständnis der Kunstwerke mit Sicherheit einen Schritt näher.

Weitere Deutungen

Mit einigen Forschern sieht A. Marshack in der Eiszeitkunst den Niederschlag eines Zeitgefühls, die symbolische Wiedergabe des Ablaufs der Tage, der Mondzyklen und der Jahreszeiten. Die Anwendung moderner Untersuchungsmethoden erlaubte ihm die genaue Zählung von Kerbmarken auf jungpaläolithischen Fundstücken, die einem Kalendersystem entsprechen sollen.

Noch um die Jahrhundertwende wurde die Ansicht vertreten, es handle sich um eine Kunst, die dem Nachahmungstrieb und einem ästhetischen Bedürfnis entsprungen sei, ohne einen bestimmten Sinn zu enthalten. Man sprach auch von Kunstschulen und begründete dies mit der Häufung von Kunstwerken an gewissen Orten, dem mehrmaligen Überzeichnen derselben Bildfläche

Abb. 7   Elfenbeinplastik aus Vogelherd

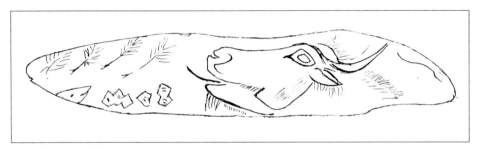

Abb. 8   Gravierung aus La Vache (nach A. Marshack)

und dem Vorhandensein zahlreicher gravierter Steine in einigen Höhlen, die als Skizzen angesehen wurden.

Es sind Deutungen auf rein materialistischer Grundlage versucht worden. Dazu gehört z. B. die Eidetik, bei der Bildeindrücke gespeichert und später ohne Vorlage wiedergegeben werden können: Auf diese Weise wäre es möglich gewesen, Tiere naturgetreu nachzuzeichnen. Eine ähnliche Theorie wurde in neuerer Zeit publiziert; auch sie betrifft ein optisches Phänomen, nämlich die Reizung der Netzhaut in Trance oder durch Drogen, eine Methode, deren sich Schamanen bedienen sollen und die zu einem «Bildersehen» führt (LEWIS und DOWSON, 1987). Derartige Erklärungen liegen abseits von jeglichem geistigen Bezug der Eiszeitkunst und werden deshalb hier nicht weiter erörtert.

Der französische Prähistoriker A. LEROI-GOURHAN hat in der zweiten Hälfte unseres Jahrhunderts eine entscheidende Wende in die Sinndeutung der Eiszeitkunst gebracht. In einem umfangreichen Werk, das auf ausgedehnten statistischen Untersuchungen im Lochkartenverfahren beruht, konnte er nachweisen, dass die dargestellten Tiere einen arteigenen Stellenwert besitzen, in ihrer jeweiligen Kombination einer symbolischen Aussage dienen und an festgesetzten Stellen des Höhlensystems angebracht sind.

Er entdeckte, dass Bisons besonders häufig neben Pferden zu sehen sind, dass Hirsche und Steinböcke am Rand zentraler Kompositionen, Nashörner und Raubkatzen vorwiegend an Höhlenenden auftreten. Er unterschied zwischen Haupt- und Randthemen und stellte Wechselbeziehungen zwischen ihnen fest. Vor allem hat er die Zeichen, welche aus ethnologischer Sicht als Jagdgeräte wie Fallen, Bumerangs usw. gedeutet wurden, als männliche und weibliche Symbole erkannt und die Tiere in Vertreter des männlichen und des weiblichen Prinzips eingeteilt. Auf dieser Polarität scheint eine wichtige Aussage der eiszeitlichen Kunst zu beruhen.

Die Thesen A. LEROI-GOURHANS wurden zum Teil heftig angegriffen, besonders durch H. KÜHN, der von einer «Sexus-Epidemie» sprach und von W. MÜLLER (zitiert bei H. BIEDERMANN), der fand, A. LEROI-GOURHAN sei mit seiner Grundidee «gar nicht so weit von BREUILS Jagdmagie, von Fruchtbarkeitskulten und ähnlichen Narrenpossen des 19. Jahrhunderts entfernt.» Bemängelt hat man auch die statistischen Erhebungen, was aber der Gesamtkonzeption keinen Abbruch tut.

Aus den Arbeiten A. LEROI-GOURHANS geht deutlich hervor, dass es im Jungpaläolithikum sowohl eine Tradition in der Darstellung der Motive als auch eine Einheit in stilistischer Hinsicht gab. Die Eiszeitkunst hat sich fortlaufend entwickelt und bildet ein einheitliches Ganzes.

Erwähnt seien noch die Arbeiten einer Schülerin LEROI-GOURHANS, A. LAMING-EMPERAIRE: Auch sie legt Wert auf die männlich-weibliche Polarität, die in den Bildern veranschaulicht wird, versucht sie aber auf der sozialen Ebene zu interpretieren, z. B. in der Clan-Exogamie usw.

3. Symbolkunde als Mittel zur Deutung eiszeitlicher Kunst

Einführung in das Symbolverständnis

Da man es bei der Eiszeitkunst mit Äusserungen tiefster Schichten der menschlichen Natur zu tun hat, müssen zu ihrem Verständnis vor allem die Symbolkunde und die Tiefenpsychologie herbeigezogen werden.

Als erstes sei hier das Wesen der Symbole erläutert. Bis ins Mittelalter hinein war das Weltbild von der Symbolik geprägt und jedermann war diese Sprache verständlich. Mit dem zunehmenden Rationalismus, welcher in der abendländischen Aufklärung einsetzte, ging das Symbolverständnis weitgehend verloren. In neuerer Zeit haben vor allem die Forschungen von S. FREUD und am nachhaltigsten die Arbeiten von C.G. JUNG den Symbolen und Mythen ihren wichtigen Stellenwert zurückgegeben. Das Interesse weiter Kreise für Symbolkunde, Mythologie und Traumdeutung zeigt das Verlangen des modernen Menschen nach bildhaftem Erkennen und Überschreiten des Rationalen.

Das Wort «Symbol» ist zurückzuführen auf das griechische «symballein», was «zusammenwerfen» bedeutet. Damit werden besondere Eigenschaften des Symbols angesprochen: Es verbindet Bewusstes mit Unbewusstem, Rationales mit Übersinnlichem, vereinigt Gegensätzliches und Zerstreutes.

Das Symbol, welches nicht aus der rationalen Bewusstseinsebene stammt, verleiht einem unbewussten, verborgenen Inhalt Anschaulichkeit, ist die Projektion eines seelischen Bildes oder Geschehens auf sinnlich Fassbares. Da es die Grenzen des Intellekts überschreitet, versagt das diskursive Denken bei seiner Deutung, und blosses Analysieren beraubt es seines Wertes. Die Aussage eines Symbols kann nur mit Intuition und einer ganzheitlichen Betrachtungsweise erfahren werden. Auf einen gleichgültigen Beschauer, der nicht zur Teilnahme bereit ist, bleibt es ohne Wirkung.

Jedes Symbol ist vieldeutig, wandelbar und dynamisch und die beste Ausdrucksmöglichkeit für seelische Prozesse, denen man mit Logik nicht beikommt. Ihm eignet eine wirkende Kraft wie der Ikone, die nicht nur Abbild der Mutter Gottes oder eines Heiligen ist, sondern deren Charisma ausstrahlt. Ein besonderes Merkmal ist die Ambivalenz. Die Symbole weisen positive und negative Aspekte auf, eine Tag- und eine Nachtseite wie z. B. die Schlange, die Weisheit und Erneuerung, aber auch Verführung und Verderben verkörpert.

Jede Erscheinung kann als Symbolträger dienen, ob sie in den natürlichen Bereich wie Wasser, Gestirne, Tiere usw. gehört oder ob es sich um abstrakte Formen wie Kreuz, Kreis und Quadrat handelt.

C.G. JUNG definiert das Symbol folgendermassen: «Was zwischen Licht und Finsternis sich ereignet, was Gegensätze eint, hat Teil an beiden Seiten und kann ebensogut von links wie von rechts beurteilt werden, ohne dass man dadurch klüger würde; man kann nur wieder den Gegensatz aufreissen. Hier hilft nur das Symbol, welches, seiner paradoxen Natur gemäss, das Tertium darstellt ...» (Zugang zum Unbewussten, 1968).

Und GOETHE, in dessen Werk Symbol und Mythos eine grosse Rolle spielen, schreibt: «Das Wahre, mit dem Göttlichen identisch, lässt sich niemals von uns direkt erkennen, wir schauen es nur im Abglanz, im Beispiel, im Symbol, in einzelnen und verwandten Erscheinungen; wir werden es gewahr als unbegreifliches Leben und können dem Wunsch nicht entsagen, es dennoch zu begreifen.»

Aus dem bisher Gesagten geht hervor, dass die Begriffe «Symbol» und «Zeichen» nicht gleichgesetzt werden können. So weist z. B. die Aesculap-Schlange auf einer militärischen Uniform auf die Zugehörigkeit des Trägers zur Sanitätstruppe hin und ist somit ein Zeichen. Im Mythos von Aesculap, dem Gott der Heilkunde, tritt die Schlange dagegen als Symbol auf: Ihrer jährlichen Häutung wegen verkörpert sie hier die Erneuerung, ihr Gift verwandelt sich in ein Heilmittel, und der Stab, an dem sie sich emporwindet, steht für den Lebensbaum. Auch von der Allegorie ist das Symbol abzugrenzen. Jene ist die Wiedergabe eines abstrakten Begriffs durch eine bildliche Darstellung – vorwiegend mittels Personifikation – wie etwa der Gerechtigkeit durch eine Frau mit verbundenen Augen und einer Waage. Die Allegorie bleibt auf der intellektuellen Verstandesebene.

Kreuz und Spirale

Zu den Ursymbolen der Menschheit gehören das Kreuz und die Spirale. Das *Kreuz* entspricht der kosmischen Ordnung. Die Senkrechte ist Gleichnis für Himmel, Geist, Zeit, Männliches, Schöpferisches, seine Waagrechte steht für Materie, Raum, Weibliches, Bewahrendes. Beide Komponenten ergänzen sich; im Schnittpunkt der Axen, die in die vier Himmelsrichtungen weisen, sind die Gegensätze aufgehoben, findet der Mensch seine Mitte und kann sich orten. Das Kreuz gilt daher seit der Altsteinzeit in verschiedenen Ausgestaltungen als ein Heilszeichen. Im Radkreuz wird der Lauf der Sonne mit den vier Sonnwendpunkten wiedergegeben, im Hakenkreuz die Dynamik der Lebensprozesse und des gesamten Kosmos.

Das wohl älteste Beispiel eines Kreuzzeichens stammt aus der Zeit des Neandertalers: Auf dem zurechtgeschliffenen Kalkgehäuse eines fossilen Nummuliten, eines marinen Urtierchens, erkennt man ein Linienkreuz (Abb. 9). Auch die Cro-Magnon-Menschen massen dem Kreuz eine geheime Wirkung bei und brachten es an Höhlenwänden (El Castillo), an Geräten, Waffen und Werken der Kleinkunst an (Abb. 10). Von jenen fernsten Zeiten bis zum heutigen Tag erscheint das Kreuz als wichtiges Symbol in den meisten Kulturen und Religionen – mit dem grössten Reichtum an Bedeutungen und Darstellungen in der christlichen Tradition (Abb. 11 und 12).

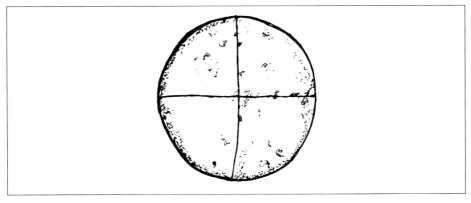

Abb. 9   Nummulitus perforatus, Ø 2,1 cm aus dem Mousterien (Tata, Ungarn) (nach M. König)

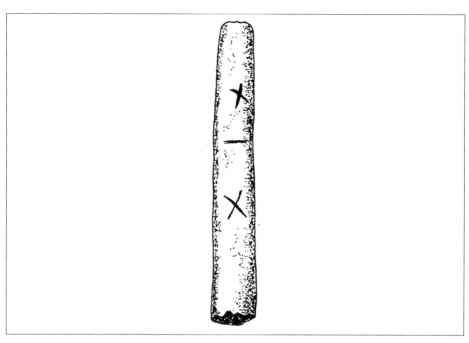

Abb. 10   Speerspitze mit eingravierten Kreuzen (Kesslerloch) (nach H.-G. Bandi)

Abb. 11   Steatit-Statuette aus Paphos,
3000-2300 v. Chr.
Museum Nicosia (Zypern)

Abb. 12   Kruzifix, 12. Jh. n. Chr.
Museum katalanischer Kunst (Barcelona)

Die *Spirale* möge uns zeigen, wie lebendig die Aussagekraft eines Symbols in der Menschheitsgeschichte bleibt. In der Absicht, die Kontinuität hervorzuheben, mit welcher der menschliche Geist im Lauf der Jahrtausende unbewusste Inhalte geäussert hat, wird im folgenden etwas ausführlicher auf die zeitliche und räumliche Ausbreitung des Spiralmotivs eingegangen.

Die spiralige Struktur von Schneckenhäusern und Muscheln hat schon auf den Menschen der Eiszeit eine Faszination ausgeübt, besonders in ihren fossilen Formen. Er hat sie gesammelt und wahrscheinlich für kultische Zwecke verwendet. In einer Jurahöhle (Rislisberg) fand man z. B. die spiralige Schale eines Ammoniten, eines ausgestorbenen Kopffüsslers. Von der besonderen Bedeutung, die der Spirale beigemessen wurde, zeugt auch eine Elfenbeinplaquette mit einer siebenfach punktierten Spirale, vier Doppelspiralen und drei Schlangen auf der Rückseite (Abb. 13). Sie war einem Toten in sein Grab mitgegeben worden. Da die Spirale den Lauf der Gestirne, den Kreislauf von Werden und Vergehen, von Geburt, Tod und Wiedergeburt, die ewige

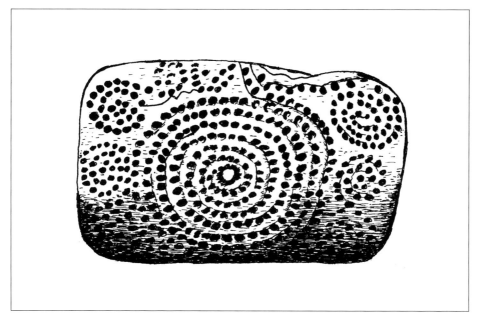

Abb. 13   Plaquette mit punktierten Spiralen, Mal'ta (Sibirien)

Wiederkehr symbolisiert, begegnet man ihr häufig im Totenkult und in der funeralen Kunst.

Eingekerbte Spiralornamente auf Rundstäben aus Geweihstangen wurden in Isturitz gefunden und sind etwa 14 000 Jahre alt. Ungefähr gleichzeitig diente die spiralige Ritzzeichnung auf einem Stück Schiefergeröll in Deutschland (Saalfeld) derselben symbolischen Aussage (Abb. 14 und 15).

Als Beispiel aus der Jungsteinzeit ist ein Stempel in Spiralform zu nennen, der in Anatolien (Çatal Hüyük) ausgegraben wurde und dessen Alter ungefähr 8000 Jahre beträgt (Abb. 16).

Die Spirale bildet das wichtigste Ornament der Megalithkulturen. Im Heiligtum von Tarxien auf Malta, das dem Kult der «Grossen Mutter» geweiht war, kommt sie in den verschiedensten Abwandlungen vor (3. Jahrtausend v. Chr.) (Abb. 17). Im Ganggrab von New Grange auf Irland sind für den Sonnen- und Totenkult meterhohe Spiralen in Steine graviert worden, und auf der bretonischen Insel Gavrinis finden wir sie im Innern megalithischer Grabkammern.

In ägyptischen und mykenischen Gräbern symbolisiert die Spirale ebenfalls den Weg der Toten zur Wiedergeburt.

Als Ornament auf Keramikwaren gibt es sie in der minoischen Epoche auf Kreta, in der donauländischen Tripoljekultur, auf neolithischen Tonschalen Chinas, auf etruskischen Tonwaren und so fort (Abb. 18).

Spiralsymbolen begegnet man auf Felszeichnungen im Val Camonica, in der Sahara, im Gebiet der amerikanischen Canyons, im peruanischen Hochland, um nur einige Beispiele zu nennen.

Die Wikinger verzierten ihre Schiffe und Waffen damit, die Kelten ihren Schmuck.

Die Maya haben in Mexiko das Observatorium von Chichén-Itzá in der Form eines Schneckenhauses gebaut, was ihm den Namen «El Caracol» eintrug. Die spiralig zusammengeringelten Schlangen bilden einen wichtigen Bestandteil ihrer bildhauerischen Kunstwerke.

Der Islam kennt die Spiralminarette und den Tanz der Derwische, in dem die Dynamik der Spirale leibhaftig erlebt wird.

Auch in der christlichen Kunst symbolisiert die Spirale Werden, Vergehen und Auferstehung. Am eindrücklichsten geschieht dies durch das Labyrinth, einer schon in der Antike bekannten

Abb. 14　Halbrunde Stäbe, 12000 v. Chr. (Isturitz)

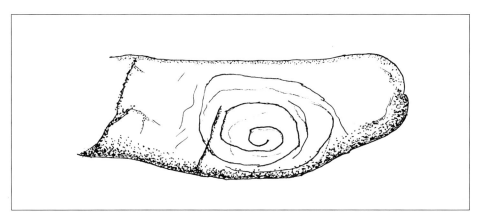

Abb. 15　Spirale auf Schiefergeröll (Saalfeld)

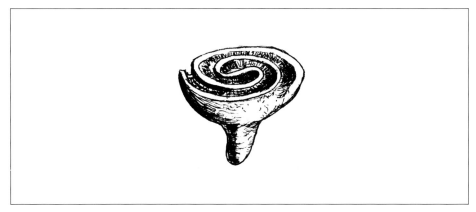

Abb. 16　Stempel aus Çatal Hüyük, 6000 v. Chr.

Abb. 17 Doppelspiralen von Tarxien, Malta (Replica), 3. Jts. v. Chr.

Abb. 18 Spiralornament auf neolithischer Keramik
Grabbeigabe aus der chinesischen Provinz Kansu, 2. Jts. v. Chr.
(Museum ostasiat. Kunst, Köln)

Abb. 19 Felsbild der «Rock Art», ca. 8. Jh. n. Chr. (Arizona, U.S.A.)

Abb. 20 Schlangenspirale der Maya (Museo Nacional de Antropología, Mexico City)

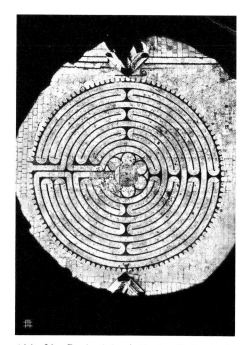

Abb. 21 Bodenlabyrinth der Kathedrale von Chartres, 12. Jh.

Abb. 22 Friedensreich Hundertwasser, «Der Garten der glücklichen Toten»

Abwandlung des Spiralmotivs, welches dem Nachvollzug des Initiations- und Seelenweges durch den Tod zu neuem Leben diente (Abb. 21). In Anlehnung an den minoischen Labyrinth-Mythos wurde Christus der «Neue Theseus» genannt und trägt auf religiösen Darstellungen manchmal eine Spirale auf dem Leib oder auf dem Gewand eingeschrieben. Die kirchlichen Bodenlabyrinthe, deren grösstes in Chartres einen Durchmesser von 12 Metern aufweist, wurden zur sinnbildlichen Einübung des Erlösungsweges oder als Ersatz für eine Pilgerreise begangen und in Weiterführung antiker Bräuche auch betanzt. Zahlreiche Beispiele für Spiral- oder Schneckentänze liefern Völkerkunde und Kulturgeschichte.

Das Labyrinth lässt sich von den neolithischen Steinsetzungen auf freiem Feld (Trojaburgen) über die antiken Grundrisse zu den christlichen Bodenlabyrinthen und den im Barock beliebten Irrgärten verfolgen, bis es noch heute im Gänsespiel der Kinder als Überrest einstiger Symbolträchtigkeit zu erkennen ist.

In der modernen Kunst lebt die Spirale weiter. Intensiv hat sich PAUL KLEE mit ihr auseinandergesetzt, aber auch F. HUNDERTWASSER zeigt sie in verschiedenen Variationen, besonders eindrücklich im Bezug auf ihre Lebens- und Todessymbolik im Gemälde «Der Garten der glücklichen Toten» (Abb. 22).

Das Symbolverständnis des modernen Menschen ist leider verschüttet. Wohl befasst sich der Astronom mit Spiralnebeln, der Genetiker mit der Doppelhelix der DNS, welche die genetische Information enthält, wohl begegnen wir der Spirale immer wieder, vom Schneckenhaus im Garten bis zu den grossen Tiefdruckwirbeln auf den Wetterkarten – alles wissenschaftlich erklärbare Erscheinungsformen – aber wer erkennt in ihnen eine Signatur des Kosmos?

4. Tiefenpsychologie als Mittel zur Deutung eiszeitlicher Kunst

Archetypen

Nach diesen Erläuterungen zum Thema «Symbolik» muss die tiefenpsychologische Seite der Eiszeitkunst zur Sprache kommen. Die Tiefenpsychologie bietet eine Erklärung dafür an, dass Symbole und Mythen bei Menschen verschiedener Zeiten und unterschiedlicher Herkunft in ähnlichen Erscheinungsformen auftreten. Die Fähigkeit, symbolische Bilder zu produzieren, liegt in angeborenen, urtümlichen Grundmustern der Psyche, den sogenannten Archetypen. C.G. JUNG, von dem der Begriff «Archetyp», d. h. Urbild, stammt, umschreibt ihn folgendermassen: «Der Archetyp ist eine angeborene Tendenz, bewusste Motivbilder zu formen, Darstellungen, die im Detail sehr voneinander abweichen können, ohne jedoch ihre Grundstruktur aufzugeben.»

Seit dem Beginn der Menschheitsgeschichte bilden die Archetypen einen Bestandteil des sog. «kollektiven Unbewussten», das dem Bewusstsein noch weiter entzogen ist als das persönliche Unbewusste und die Menschen aller Epochen und Kulturen miteinander verbindet. Der Paläolithiker, der noch direkt mit dieser dunklen Schicht verbunden war und in Bildern «dachte», projizierte seine Seelenbilder in die Umwelt, während der moderne Mensch wohl das psychische Erbe der gesamten Menschheit gespeichert hat, aber als Folge zunehmender Bewusstwerdung meist nur in Träumen, Phantasien und Visionen von Botschaften aus der Tiefenschicht seines Geistes erreicht wird.

Bewusstseinsentwicklung

Bei der Deutung der Eiszeitkunst spielt die Bewusstseinsstufe ihrer Träger eine wesentliche Rolle. Die Geschichte der Menschheit ist die Geschichte ihres sich erweiternden Bewusstseins. Der archaische Mensch fühlt sich dem Tier verwandt, ist wie dieses in die Natur eingebettet und hebt sich kaum als Individuum von seiner Umwelt ab. Dieser präpersonale Zustand entspricht ungefähr den Hominiden bis zum Homo erectus. In den folgenden Bewusstseinsstufen findet eine zunehmende Zentrierung der Psyche zu einem separaten Ich statt, die später zum individualisierten Ich des modernen Menschen führen wird. Noch besteht aber vorerst eine magische Verbindung mit der Natur. Subjekt und Objekt sind austauschbar. Zwischen dem Menschen und seiner Umwelt, dem Einzelnen und der Gruppe, besteht die Möglichkeit der «Participation mystique» (nach LÉVY-BRUHL), einer psychischen Identitätsbeziehung. Die Innenwelt wird aussen erlebt, d. h. innere Wirklichkeiten werden in die Aussenwelt projiziert und in konkreter Form wahrgenommen, und die ganze Schöpfung steht in einer lebendigen Verbindung. Diese Schwelle der Bewusstseinsentwicklung hatten vermutlich die Menschen vom Neandertaler bis hin zum Cro-Magnon-Typ erreicht. Dass der geistige Wachstumsprozess der Menschheit im Werden des heutigen Menschen seine Entsprechung findet, wird in den Schlussbetrachtungen aufgezeigt werden.

Mit der langsam fortschreitenden Zentrierung und Abhebung des Ichs von der Natur wird sich das Individuum seiner Sterblichkeit bewusst und gerät damit in die grösste Krise, die die Menschheit je betroffen hat. Diese Problematik bleibt auch dem modernen Menschen nicht erspart, obwohl er sie weitgehend zu verdrängen sucht. Angst, und ganz besonders die Angst vor der Allgegenwart des Todes, gehört zu den menschlichen Grundbefindlichkeiten. Im biblischen Mythos vom Sündenfall, wo Adam und Eva vom Baum der Erkenntnis gegessen haben, ihnen aber der Genuss der Früchte vom Baum des ewigen Lebens verwehrt wird, findet diese Krise ihren Niederschlag.

Die Auseinandersetzung mit dem Tod

Der Mensch der Urzeit, der sich aus der kosmischen Einheit herauszulösen und sein Ende vorauszusehen begann, wird von da an seine Toten bestattet und sich mit dem beschäftigt haben, was nach dem Tode sein könnte. Die Verstorbenen wurden in Gruben gelegt, oft in Hockerstellung oder Fötallage – der Stellung des Kindes im Mutterleib – oder, dem Lauf der Gestirne angepasst, in Ost-

West-Orientation. Man bestreute sie mit rotem Ocker als Farbe des Blutes und des Lebens, man gab ihnen Lebensmittel, Gebrauchsgegenstände und Schmuck mit ins Grab.

Da die Paläolithiker offenbar zum grössten Teil ausserhalb ihrer Wohnstätten beerdigten, sind relativ wenige Bestattungen erhalten geblieben.

Immerhin beweisen einige Funde, dass schon der Neandertaler seine Toten in Gruben beisetzte und mit Gaben versah. In einem Fall war der Tote sogar mit Blumen bedeckt; der Bestattung entnommenes organisches Material erwies sich bei der Analyse als Blütenpollen, insbesondere von Heilkräutern wie Schafgarbe, Eibisch usw. (Grab von Shanidar, Irak).

Die Funde aus dem Jungpaläolithikum lassen ebenfalls auf den Glauben an ein Fortleben nach dem Tode schliessen. Die Toten wurden mit Steinplatten oder Mammutschulterblättern geschützt, mit Ocker bedeckt und zum Teil reich geschmückt. Auf dem Schädel eines jungen Mannes fand man zahlreiche Muschelschalen, Schneckenhäuser und Hirschzähne. Zum Gesicht führte ein kleiner, mit rotem Ocker angefüllter Kanal, der dem Toten offenbar neuen Lebensodem zuführen sollte (Grimaldi-Grotte bei Monaco). Bei einer anderen Bestattung war zwischen dem Grab und einer Grube, die Reste verbrannter Speisen enthielt, ein Verbindungskanal ausgehoben worden (Cueva Morín, Spanien).

Um die Bedürfnisse der Verstorbenen zu stillen, gab man ihnen auch Werkzeuge aus Silex (Feuerstein) mit. Diese sind zum Teil noch ungebraucht und mit einer Ockerschicht bedeckt. Das Sichern einer Weiterexistenz nach dem Tode durch besondere Vorkehrungen muss für den Paläolithiker von überragender Bedeutung gewesen sein.

Ein seltsamer Fund ist noch erwähnenswert: Der Schädel eines jungen Menschen, in dessen leere Augenhöhlen zwei aus dem Wirbelknochen eines Cerviden zurechtgeschliffene Plättchen eingesetzt worden waren (Mas d'Azil). Der Schädel scheint überhaupt im Totenkult von Wichtigkeit gewesen zu sein, was man von der relativ grossen Anzahl der Funde ableiten kann. Da die Konsistenz der Schädelknochen, verglichen mit derjenigen des Unterkiefers, fragil ist, bleibt er nur bei geschützter Aufbewahrung über so lange Zeiträume erhalten.

Man kannte sowohl Einzel- als auch Mehrfachbestattungen. Dabei fällt auf, dass im Jungpaläolithikum Europas nur ein relativ kleiner Anteil der einzeln beigesetzten Individuen Frauen betraf und diese ausserdem weniger Beigaben erhielten. Offenbar hat man den Bestattungen der Männer grössere Bedeutung beigemessen. Auch Kinderskelette sind selten ausgegraben worden, was damit zusammenhängen mag, dass kindliche Knochen schneller zerfallen oder dass Kleinkinder gar nicht beerdigt worden sind.

Wenn man bedenkt, welch wichtige Rolle der Totenkult beim Erfassen vergangener Kulturen spielt, ist es erstaunlich, dass die Eiszeitkunst so wenig mit ihm in Verbindung gebracht worden ist, verdanken wir doch z. B. die Kenntnisse über materielle und geistige Kultur des alten Ägypten den Grabfunden. Die Ausgrabungen der Nekropolen von Knossos und Phaestos geben uns ein Bild des Lebens im antiken Kreta, und von den Etruskern wüssten wir wenig ohne die Zeugnisse ihres Jenseitsglaubens.

Der Totenkult liefert den Antrieb zur bildenden Kunst, deren Wurzeln bis in die Altsteinzeit zurückreichen!

Im Schrifttum über die Eiszeitkunst ist aber von Totenkult kaum die Rede. Die Ansichten M. RAPHAELS, die zum Teil in diese Richtung wiesen, fanden keine Beachtung. G. CHARRIÈRE, ein französischer Forscher, schreibt sogar ausdrücklich: «La décoration des grottes ne semble guère liée aux pratiques mortuaires.»

Man ist sich aber darüber einig, dass der Paläolithiker in einer ganz bestimmten Absicht so viel Mühe und Zeit für die Schaffung seiner Kunstwerke verwendet und ihnen eine Bedeutung beigemessen hat, die weit über das Alltägliche hinausgeht. *Hier wird die Ansicht vertreten, dass die Eiszeitkunst dazu diente, die Wiedergeburt der Toten zu bewirken.* Daneben mögen auch andere Glaubensvorstellungen eine Rolle gespielt haben.

Als Mittel zur Überwindung des Todes bot sich dem mythisch denkenden Menschen der Eiszeit die *Magie* an. Es sei gleich vorweggenommen, dass der Begriff «Magie» nicht abwertend verstanden sein will. Auf allen Stufen religiöser Erfahrung gibt es Magie, wie verschieden das jeweils geltende Weltbild auch sein mag. Mit ihrer Hilfe versuchte der Mensch der Eiszeit transzendente Mächte zu beeinflussen. Je bedrohlicher ihm seine Umwelt und sein Schicksal erschienen, umso wichtiger war deren Bewältigung durch magische Handlungen. Da es sich dabei um Akte des Glaubens handelte, die sich einer rationalen Betrachtungsweise entziehen, bedurfte er keiner Beweise für ihre Wirksamkeit. Es gilt festzuhalten, dass mit intellektuellen Argumenten niemals Kritik an magischen Vorstellungen geübt werden kann.

Die in diesem Buch gebotene Deutung der Eiszeitkunst, welche andere Aspekte nicht ausschliesst, lautet: *die Cro-Magnon-Menschen bedienten sich verschiedener magischer Mittel, um ein Weiterleben nach dem Tode zu gewährleisten. Von diesen sind besonders die Darstellungen der bildenden Kunst, Höhlenbilder und Kleinkunstobjekte, erhalten geblieben.*

5. Die magische Geisteshaltung

Das Wesen der Magie

Da die Magie bei der Deutung der Eiszeitkunst von zentraler Bedeutung ist, befassen wir uns hier näher mit ihr. Man versteht darunter den Glauben an übernatürliche Kräfte, die sich Kundige durch bestimmte Rituale zu guten und bösen Zwecken dienstbar machen können. Die Magie hat ihre eigenen Gesetze, deren wichtigstes dasjenige der Ähnlichkeit ist, wobei «ähnlich» und «identisch» gleichgesetzt werden.

Das Analogie-Denken spielt eine grosse Rolle in der Volksmedizin und in der Homöopathie nach dem Lehrsatz «similia similibus curantur». (Gleiches wird durch Gleiches geheilt). In der Antike galt Estragon seiner schlangenförmigen Wurzeln wegen als Abwehrmittel gegen Schlangen und Drachen. PLINIUS beschreibt Steine, die in ihrem Innern einen Kern aus anderem Material umschliessen, gleichsam schwanger sind. Diese sogenannten Adlersteine (aetites) sollten deshalb die Schwangerschaft erleichtern und Fehlgeburten verhindern. Holunderzweige, die wie Knochen aussehen und wie diese ein Mark enthalten, werden seit altersher als Heilmittel bei Knochenleiden und -brüchen gebraucht. Gegen Augenentzündungen wird der Saft der Zwiebel, welcher ebenfalls ein Tränen der Augen verursacht, in grossen Verdünnungen homöopathisch angewendet. Die Reihe lässt sich beliebig fortsetzen: Safranpillen gegen Gelbsucht, Hahnenkamm gegen Kopfweh und so fort.

In der Magie herrscht auch das Gesetz der symbolischen Zusammengehörigkeit, der Einheit von lebender und toter Natur, weshalb jedes mit jedem austauschbar ist und stellvertretend eingesetzt werden kann. Magische Wirkung kann dabei von einem Teil des Ganzen ausgehen, «pars pro toto» (ein Teil anstelle des Ganzen), weil bei dem Gefühl der Einheit alles Seienden auch ein Teil die wirkende Kraft enthält. So verleiht eine einzelne Feder dem Schamanen die Eigenschaften des Adlers; auf sein Kostüm genäht oder gezeichnet, ermöglicht sie ihm den Flug in die Welt der Götter und Dämonen, und wenn sogar das kleinste Knöchelchen eines Heiligen als wundertätige Reliquie verehrt wird, finden wir auch heute noch den Glauben an das gleiche Prinzip.

Der moderne Mensch verwendet Redensarten, vollzieht magische Handlungen, ohne um ihren Sinn zu wissen. «Scherben bringen Glück»: Haben nicht die Kelten Tongefässe mit Opfergaben für ihre Götter absichtlich zerbrochen? «Touch wood!»: Verlassen wir uns nicht auf die Wirkung der Magie, wenn wir nach der Feststellung, wir seien ohne Grippe durch den Winter gekommen, umgehend Holz berühren? Wir wollen damit verhindern, dass eine durch diese Aussage herausgeforderte Schicksalsmacht uns erkranken lässt. Holz ist dem glückbringenden und heilenden Gott Jupiter geweiht – möge er uns weiterhin verschonen! Wer denkt noch an die Rituale der Wikinger, die ihre Schiffe mit dem Blut ihrer Opfer besprengten, wenn die obligate Flasche Champagner beim Stapellauf an der Bordwand zerschellt? Unzählige, von abergläubischen Touristen in Brunnen geworfene Münzen geben für flinke Gassenjungen ein willkommenes Taschengeld ab. Und wer zählt die Amulette, die an Kettchen hängen, die Maskottchen, die an Autofenstern baumeln?

Bei der Interpretation der Eiszeitkunst wurde dem Wesen der Magie oft nicht Rechnung getragen. Dies sei am Beispiel einer gravierten Knochenplatte erläutert. Auf ihr ist ein ityphallischer Mann abgebildet, dem sich die Tatze eines Bären entgegenstreckt. «Homme menacé par une patte d'ours» lautet die übliche Bezeichnung. Nun glaubt aber der magisch Denkende an die Macht der Vergegenwärtigung und vermeidet ängstlich, was das Gefürchtete heraufbeschwören könnte: «Man soll den Teufel nicht an die

Wand malen», denn sein blosses Abbild enthält alle teuflischen Kräfte. Deshalb wurde im Mittelalter auf einigen Fresken von Heiligen und dem Teufel dessen Bild herausgeschlagen. Aber auch vom Satan reden darf man nicht; schon sein Benennen, das ja mit Wörtern wie der «Leibhaftige», der «Gott-sei-bei-uns» umgangen wird, könnte ihn zum Erscheinen bringen. Das Bild auf dem Knochen ist daher durchaus positiv zu bewerten: Der Bär, auf dessen Symbolwert später eingegangen wird, bedroht den Mann in keiner Weise, sondern vermittelt ihm gute Eigenschaften. Andernfalls wäre diese Art der Darstellung nie gewagt worden (Abbildung Seite 160).

Die Wiedergeburtsmagie

Der *Mond* gilt als kosmisches Symbol, seit der Mensch begonnen hat, sich mit seinem Schicksal auseinanderzusetzen. Er gab Anlass zu den wichtigsten Kulten, zu unzähligen Mythen, zu Märchen und zu den schönsten Werken der Poesie. Durch den Mond wird die zyklische Natur der Schöpfung und die rhythmische Aufeinanderfolge von Werden und Vergehen, von Leben und Tod besonders eindrücklich sichtbar gemacht. In abstrakter Form symbolisiert die Doppelspirale diese Eigenschaften.

Von den gehörnten Tieren, den Symbolträgern des zu- und abnehmenden Mondes, wird im Abschnitt über den Bison die Rede sein.

Die Beobachtung der Gestirne erlaubte den Menschen schon in der urgeschichtlichen Epoche ein Messen der Zeit, wobei der Mond sich besonders gut dazu eignete. Noch heute gilt verschiedentlich beim Festsetzen religiöser Feste der Mondkalender: Ostern wird am Sonntag nach dem Vollmond, der auf die Frühlings-Tag-und-Nachtgleiche folgt, gefeiert.

Nach dem Aufkommen der Ackerbaukultur wurde der Mond mit dem Wasser in Verbindung gebracht, da man bei Mondwechsel offenbar häufig Regen beobachtet hatte. Bis in die heutige Zeit berücksichtigen Bauern bei der Aussaat die Phasen des Mondes. Er verkörpert – wohl wegen der Übereinstimmung zwischen seiner Umlaufzeit um die Erde und dem Menstruationszyklus – vorwiegend das weibliche Prinzip. Demzufolge gibt es bedeutend mehr weibliche als männliche Mondgottheiten.

Hier interessiert vor allem die Rolle des Mondes im Totenkult, wozu die ägyptische Mythologie einen wichtigen Beitrag leistet. Der Mond- und Vegetationsgott Osiris wurde bei Vollmond und bei Neumond verehrt. Er soll von seinem missgünstigen Bruder Seth getötet und in vierzehn Teile zerstückelt worden sein, wobei die Zahl 14 offenbar den Tagen des schwindenden Gestirns entspricht. Seine Mutter und Geliebte, Isis, konnte dreizehn Stücke wiederfinden, ersetzte das fehlende, nämlich den Phallus, durch eine Nachbildung und empfing vom toten Osiris das Kind Horus. Osiris gewann neues Leben und verliess das Totenreich. Seine Auferstehung wurde in Mysterien gefeiert, die den Teilnehmern ewiges Leben verbürgten.

In den religiösen Vorstellungen der Hindus trägt das Mondschiff die Seelen der Toten in eine neue Inkarnation oder – wenn sie eine höhere Stufe erreicht haben – zur Sonne in ein erlöstes Dasein. Ähnlichen Glauben gibt es in der iranischen Tradition, und auch die islamische Theologie bringt im Koran Tod und Wiedergeburt mit dem Mond in Zusammenhang; Gräber werden mit der Sichel des zunehmenden Mondes versehen. Bei den Chinesen bereitet ein Hase auf dem Mond das Elixier der Unsterblichkeit zu. Aus dem christlichen Bereich sei ein Ausspruch des Heiligen Augustinus erwähnt, mit dem er auf die Analogie zwischen Mondwechsel und Auferstehung hinweist: «Quod in luna per menses, hoc in resurrectione semel in toto tempore» (Was für den Mond monatlich, das gilt für die Auferstehung einmal für alle Zeit).

Die drei Nächte des Dunkelmondes bilden wahrscheinlich die Grundlage für die geheimnisvolle Bedeutung der Zahl «Drei» in den meisten Kulturen. (Wenn man den Neumond ausser acht lässt, führt auch die Anzahl der Mondphasen, das Wachsen, Vollsein und Abnehmen zur Dreizahl).

Drei Tage nach seiner Selbstverbrennung steigt der mythische Vogel Phoenix verjüngt aus der Asche empor. Drei Tage weilte Jonas im Bauch des Walfischs, am dritten Tag ist Christus auferstanden, nach Matthäus 12,39: «Denn wie Jona drei Tage und drei Nächte im Bauch des Meeresungeheuers war, so wird der Sohn des Menschen drei Tage und drei Nächte in der Erde sein.»

Göttliche Triaden gibt es unter anderem im alten Ägypten als Osiris, Isis und Horus, in Indien als die «Trimûrti» von Brahma, Vishnu und Shiva, bei den Kelten als die drei Matronae und die Trinität von Vater Sohn und Jungfrau (Taranos, Lugh und Brigid), im Christentum als die Dreifaltigkeit von Vater, Sohn und Heiligem Geist.

Dreifache Prüfungen werden den Märchenhelden auf ihrem Initiationsweg auferlegt, dreimalig müssen magische Anrufungen sein: «Du musst es dreimal sagen», verlangt Mephisto im Faust, und bei uns heisst es «Toi, toi, toi».

Nach diesem kleinen Ausschnitt aus der Zahlensymbolik wenden wir uns dem Paläolithiker zu. Es muss für ihn ein tiefgreifendes Erlebnis gewesen sein, das Wachsen, Abnehmen, Verschwinden und Wiedererscheinen des Mondes zu beobachten. Sah er nicht sein menschliches Schicksal an den Himmel geschrieben? Die Wiederkehr des Gestirns wird seine untergründige Todesangst besänftigt und ihm Hoffnung auf die eigene Wiedergeburt geschenkt haben. Konnte nicht in den mondlosen Nächten auch für ihn, analog zum kosmischen Geschehen, die Wende vom Tod zu neuem Leben sich vollziehen?

Als wichtige Belege für die *Wiedergeburtsmagie* in der Eiszeitkunst seien drei Objekte der Kleinkunst ausgewählt (Abb. 23, 24 und 25).

Eines wurde im Mas d'Azil gefunden und ist aus einem Rentiergeweih geschnitzt. Es stellt drei Pferdeköpfe dar, deren einer als entfleischter Totenschädel gebildet ist, während der zweite einem lebenden Tier entspricht und der dritte grösser, sorgfältiger und genauer ausgeführt wurde als die beiden andern. Die überragende Rolle des Pferdes im Totenkult wird später erörtert werden. Hier sei die Interpretation vorweggenommen, dass der Tote mit dem Pferd identifiziert wurde und in den drei Neumondnächten zu neuem Leben gelangen sollte, wie auf dem Abbild das tote Pferd zum lebenden Tier sich verwandelte.

Das zweite Objekt aus Pekárna zeigt, dass anscheinend in Süd-Frankreich und in Mähren dieselben religiösen Vorstellungen herrschten und gleiche magische Mittel angewendet wurden, um die Wiedergeburt zu gewährleisten. Auch hier sind drei Pferdeköpfe wiedergegeben, diesmal als Gravierung auf einem grossen Spatel. Der erste ist nur halb zu sehen, der zweite nahezu vollstän-

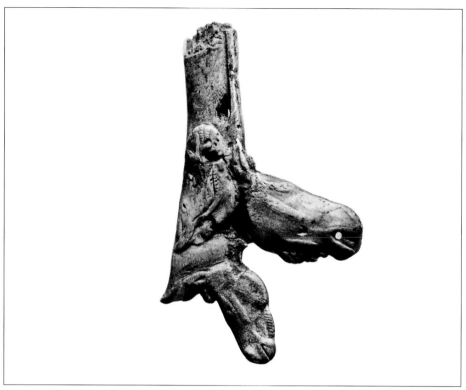

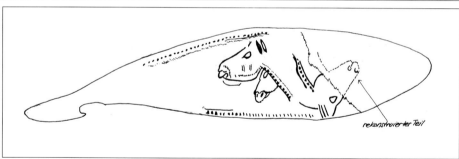

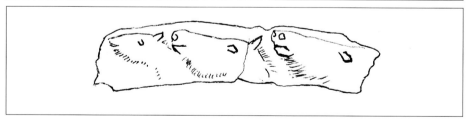

Pferdeköpfe symbolisieren die Wiedergeburt in drei Phasen:
Abb. 23 Skulptur aus Rengeweih (Mas d'Azil)
Abb. 24 Gravierung auf Knochenspatel (Pekárna), nach A. Marshack
Abb. 25 Gravierung auf Knochenfragment (Bruniquel), nach A. Marshack

dig, aber nur wenig grösser, der dritte am grössten und am deutlichsten ausgearbeitet. Auch hier könnte in symbolischer Verschlüsselung auf die stufenweise Neuwerdung in den drei mondlosen Nächten hingewiesen worden sein.

Das dritte Beispiel entnehmen wir einer Arbeit von A. MARSHACK. Er beschreibt das Fragment eines gravierten Knochens aus Bruniquel, auf dem beidseitig drei Pferdeköpfe in zunehmender Grösse dargestellt sind, und deutet die Zeichnung als Ausdruck einer Jahreszeitensymbolik. Hier wird sie im Hinblick auf die Dreizahl und die Rolle des Pferdes im Totenkult ihrem Sinn nach in die Wiedergeburtsmagie eingereiht.

Die *Höhle* gehört ebenfalls zu den Urbildern der Menschheit und symbolisiert den Mutterschoss, aus dem neues Leben hervorgeht.

Nach dem Glauben der Ostkirche wurde Christus in einer Grotte, die in Palästina oft als Stall dient, geboren. Zeus fand als Säugling in einer Höhle des kretischen Ida-Gebirges Schutz vor seinem Vater. Auch der arische Lichtgott Mithras, dessen Mysterien in der Antike weit verbreitet waren, soll in einer Grotte zur Welt gekommen sein, und seine Kulte wurden vielerorts in solchen abgehalten. Höhlentempel der verschiedensten Kulturkreise zeugen davon, dass im Erdinnern geheimnisvolle Kräfte vermutet wurden. In den Märchen bergen die Höhlen sagenhafte Schätze, die zu finden einigen Auserwählten vorbehalten ist.

Die Höhlen sind aber nicht nur Orte der Sammlung und der Andacht. In ihrem negativen Aspekt werden sie von Monstren bewohnt, von Drachen und Zyklopen, und bilden den Eingang zur Unterwelt. Da die Ambivalenz ein Merkmal der Symbole ist, kann die Höhle sowohl eine Stätte der Geburt und des Schutzes als auch einen Ort der Vernichtung darstellen.

Wir verlassen für kurze Zeit den Bereich der Symbolik, um das wechselhafte Schicksal einer Höhle bis in unsere Tage zu verfolgen. In die Kalkfelsen der französischen Pyrenäen haben die Wasser der Eiszeitgletscher unter andern die riesige Höhle von Bédeilhac erodiert. Sie muss, den Funden zufolge, im Magdalenien eine wichtige Rolle gespielt haben. Anschliessend suchten im Neolithikum, in der Bronze- und Eisenzeit, während der gallo-römischen Epoche und im Mittelalter immer wieder unzählige Menschen in ihr Unterkunft und Schutz. Bei Ausbruch des zweiten Weltkrieges begann ein französischer Flugzeugfabrikant die Höhle in ihrem vordern Teil als Werkhalle auszubauen, musste aber nach dem Waffenstillstand die Arbeiten einstellen. Ab 1942 richteten die Deutschen die Grotte zum Einstellen von Flugzeugen her, später wurde sie zum Materialdepot der französischen Armee. Jetzt können ihre grossen prähistorischen Kulträume besichtigt werden, in denen Gravierungen, Malereien und Lehmplastiken von einer friedlicheren Vergangenheit zeugen.

Die Bilder der Eiszeitkunst sind nicht im Wohnbereich der Höhlen angebracht, sondern in deren Tiefe, wo kein Tageslicht mehr eindringt (Abb. 26). LEROI-GOURHAN betrachtet die Höhle an sich ihrer topographischen Beschaffenheit wegen als Sinnbild des Weiblichen. Mehrere Spalten und Nischen sind mit rotem Ocker ausgemalt, was ihre Rolle als lebenspendenden Mutterschoss noch unterstreicht.

Auf Malereien und Gravierungen stösst man sogar in engen und niedrigen Kammern, den sogenannten «Camarins». Diese bieten nur einem liegenden Menschen Platz, und ihre Bilder können ausschliesslich in Rückenlage betrachtet werden. H. WENDEL (1976, zitiert bei Biedermann) nennt diese kleinen Nischen «Einmann-Liegeräume». In Le Portel befinden sich an der Decke des Camarin die Darstellungen eines schwarzen Hirschgeweihs, einer roten Vulva, verschiedener Tiere (Pferd, Bison, Steinbock) und einiger Zeichen – wie wir später sehen werden – allesamt die Wiedergeburt fördernde Symbole. Solche Kammern gibt es auf französischem Boden noch in Gargas, Niaux, La Vache usw., in Spanien sind La Pileta und Tito Bustillo zu nennen (Abb. 27).

Da einige Forscher annehmen, diese Höhlendivertikel hätten bei Initiationsriten gedient, folgen einige Erläuterungen zum Wesen der Initiation.

Initiation und Tod sind nahe miteinander verwandt, bedeutet doch die erstere das Durchstehen eines symbolischen Todes und eine Neugeburt. M. ELIADE bezeichnet sie als «regressum ad uterum» (Rückkehr in die Gebärmutter).

Beim Vollzug der Mysterien Altägyptens mussten die Anwärter auf Einweihung drei Tage und drei Nächte – auch hier die magische Bedeutung der Drei – in einem steinernen Sarg zubringen. Sie wurden von Priestern mittels Suggestion und Drogen in einen

Abb. 26 Geheimnisvolle Welt der Höhlen: Stalaktiten und Stalagmiten

Abb. 27 Überzeichnungen im Camarin von Gargas zeugen von wiederholtem Gebrauch

todesähnlichen Zustand versetzt, um nach dem symbolischen Sterben zu einem neuen Leben zu erwachen.

Eine grosse Anziehungskraft übten die eleusinischen und orphischen Mysterien der griechischen Antike aus. Sie verliehen den Eingeweihten, welche den Weg durch das «Stirb und werde» bestanden hatten, ein geheimes Wissen und liessen sie, nach Ciceros Worten, mit besserer Hoffnung sterben.

Aus der Ethnologie ist bekannt, dass gewisse Initiationsbräuche identisch sind mit Bestattungsritualen. C. NIESSEN beschreibt die simulierte Tötung von Initianden durch Misshandlungen, Beschmieren mit Blut und Verabreichung von Narkotika, wobei die Mütter der Betroffenen um ihre Söhne trauern, als ob sie wirklich gestorben wären. Nach M. ELIADE gibt es bei den Bantu folgenden Beschneidungs- und Initiationsritus: Die jungen Männer werden für drei Tage in Embryonalstellung in eine Widderhaut gewickelt, was genau dem Bestattungsvorgang des Stammes entspricht. Das Bestehen vieler Bewährungsproben soll die kindlichen Bande zur Familie lösen und in eine neue Lebensstufe innerhalb der Stammesgemeinschaft führen.

Was nun die eiszeitlichen Höhlen betrifft, können sie ebensogut Schauplatz eines Totenkults gewesen sein. Man stelle sich vor, die Toten seien zum Zweck ihrer Wiedergeburt in die engen Grotten gelegt und später – wie auch immer – bestattet worden. Für Menschengruppen, die in jahreszeitlichem Wechsel ihre Wohnstätten verliessen, hatten Gräber ohnehin eine relativ geringe Bedeutung.

Die Darstellungen an den Felswänden sollten den Vorgang der Wiedergeburt magisch unterstützen. Von den rituellen Handlungen, die in derselben Absicht vollzogen wurden, blieben leider keine Spuren zurück, aber Opfer, Tänze, Maskierung, Musik, Berührung oder Überzeichnen der Bilder gehörten wohl zur Aktivierung der geheimen Wirkkräfte dazu.

Der Symbolgehalt des *Wassers* ist ebenfalls archetypisch vorgegeben. Es gilt als Urstoff, aus dem das Leben hervorgeht und der den Keim zu allen Existenzformen enthält. In vielen Kosmogonien nimmt die Schöpfung ihren Ursprung in den primordialen Wassern, wie z. B. in der sumerischen Mythologie, derzufolge im Urmeer der kosmische Berg entstand und in Himmel und Erde geteilt wurde.

Aber nicht nur aus mythischer Sicht, auch in der modernen Wissenschaft wird die Entstehung des Lebens auf unserem Planeten im Wasser, im schützenden Schoss des Meeres, angenommen.

Quellen, deren Wasser in steter Geburt aus dunkler Tiefe entspringen, werden als mütterliche Lebensspenderinnen angesehen. Sie sind deshalb – im Gegensatz zum befruchtenden, von oben kommenden Regen – weiblicher Natur und als Nymphen, Nixen und Quellgöttinen personifiziert. Vielen Quellen wird Heilkraft zugeschrieben, weshalb sich oft Heiligtümer und Wallfahrtsorte in ihrer Nähe befinden und unzählige Opfer- und Votivgaben von ihrer wohltuenden Wirkung zeugen.

Das «Wasser des Lebens» zu suchen, welches dem Menschen Unsterblichkeit verleiht, gehört zu den Aufgaben vieler Helden in Mythen und Märchen. Im Mittelalter badeten Männlein und Weiblein in Jungbrunnen, um ihre verlorene Jugend zurückzugewinnen, während heute, im rationalen Zeitalter, die Anzahl der Natrium-, Magnesium- oder Schwefel-Ionen für den Erfolg einer Badekur ausschlaggebend ist!

Vor allem im Totenkult gilt das Wasser als Ort der Regeneration. In Analogie zur «Nachtmeerfahrt» der Gestirne, von der viele Mythen berichten, durchqueren die Toten das Wasser, um als Wiedergeborene in eine neue Existenz einzugehen. Ein etruskischer Sarkophag im Museum von Volterra gibt die Reise der Toten durch das Wasser bildlich wieder: Eine doppelschwänzige Sirene verkörpert die Gefahren dieses Durchgangs, ein Delphin tritt als Helfer auf und geleitet die Geretteten ins Jenseits.

Diese Wandlung wird in der Taufe nachvollzogen. Nach dem Untertauchen in das Element der Auflösung und des Todes gewinnt der Täufling ein neues Leben. Heute genügen drei Tropfen, um die überirdische Kraft, welche das Wasser vermittelt, zu symbolisieren. Tiefenpsychologisch aufgefasst, bedeutet die Taufe einen Individuationsprozess, in dem Unbewusstes in das Bewusstsein gehoben wird.

Zahlreiche paläolithische Höhlen befinden sich in der Nähe von Gewässern oder werden von ihnen durchströmt. In der Pyrenäenhöhle von Niaux gibt es z. B. unterirdische Seen und mehrere Syphons, die riesige Grotte von Mas d'Azil wird auf 420 m Länge von einem reissenden Bach durchquert. Die spanische

Grotte von Ekain liegt in der Nähe einer Heilquelle und eines kleinen Flusses, und durch die Höhle von Tito Bustillo fliesst ein bis zu drei Meter tiefer Bach.

Es ist anzunehmen, dass der Eiszeitmensch dem Wasser symbolischen Wert beigemessen und es in den Totenkult einbezogen hat; auf einigen Darstellungen seiner Kunst ist jedenfalls Wasser angedeutet. Man könnte in Erwägung ziehen, dass sie die Toten teilweise im Wasser bestattet haben, was die spärlichen Funde jungpaläolithischer Menschenreste erklären würde.

Die magische Fortzeugung der Toten

Der Mensch der Altsteinzeit, der sich noch ganz in die Natur integriert und ihren Gesetzen unterworfen fühlte, hat sich ein Fortleben nach dem Tod kaum ohne Körper vorstellen können. Der Tote musste in seiner Leiblichkeit wiedererstehen, was einen magischen Zeugungsakt und eine Geburt erforderte. Ablösung der Seele von der sterblichen Hülle gehört zu den Glaubensinhalten späterer Religionen.

Wenn man von der Annahme ausgeht, dass in der eiszeitlichen, auf Jagd spezialisierten Gesellschaft dem Mann – besonders demjenigen, der sich durch seine Fähigkeiten und Leistungen auszeichnete – eine wichtigere Stellung zukam als der Frau, wird seine Wiedergeburt Vorrang gehabt haben. Die Rolle der Frau hätte sich auf die einer Geschlechtspartnerin bei der magischen Zeugung und einer Gebärerin beschränkt, wozu ihre Opferung erforderlich gewesen wäre. Dass im Paläolithikum den Toten von besonderem Rang Frauen zum Vollzug der Wiedergeburt geopfert worden sind, kann nur vermutet, aber nicht bewiesen werden. Wohl stiess man auf Doppel- und Dreierbestattungen: In Oberkassel und in Monaco lagen z. B. ein männliches und ein weibliches Skelett nebeneinander, in Dolní Věstonice hatte man eine Frau zwischen zwei Männern bestattet, und in Barma Grande befanden sich drei Skelette in genau gleicher Anordnung ausgerichtet. Leider lässt sich aber nicht feststellen, ob die Frauen eines gewaltsamen Todes gestorben sind (Abb. 28, 29 und 30).

Offenbar hat im Lauf der Jahrtausende eine Sublimierung grau-

Abb. 28 Doppelbestattung eines jungen Mannes und einer älteren Frau (Grimaldi-Grotte bei Monaco)

samer Opferriten stattgefunden. Durch die Beigabe von Statuetten, die Wiedergabe von Frauenbildern, von weiblichen Geschlechtsorganen oder entsprechenden Zeichen wurde der Magie Genüge getan.

Besonders deutlich kann in der chinesischen Kulturgeschichte die Umwandlung archaischer Riten verfolgt werden. Während der frühen Epoche der bronzezeitlichen Shang-Dynastie (um 1500 v. Chr.) wurden zahlreiche Sklaven mit ihren Fürsten begraben, wovon Grabfunde mit Hunderten enthaupteter Skelette zeugen. Den toten Kaiser CH'IN SHI HUANG DI begleitete im dritten Jahrhundert v. Chr. eine ganze Armee lebensgrosser Tonfiguren, die heute eine berühmte Touristenattraktion bilden, als Ersatz für

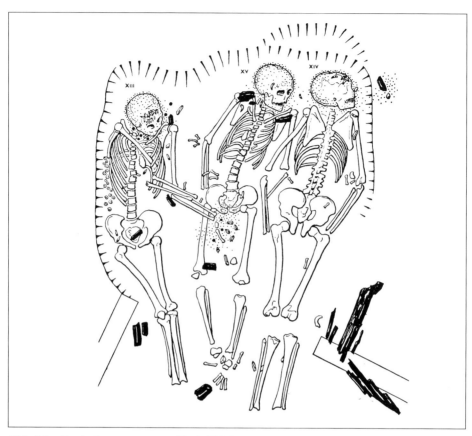

Abb. 29 Dreierbestattung von Dolní Věstonice (Mähren)

geopferte Krieger ins Grab. Spätere Dynastien wie Han und Tang begnügten sich mit puppengrossen Figürchen als Grabbeigaben. Eine stufenweise Verfeinerung des Totenkults kann auch für das Paläolithikum angenommen werden.

Die *Totenhochzeit*, das heisst die gleichzeitige Bestattung der getöteten Frau mit ihrem verstorbenen Gatten, ist ein bekannter Ritus. Dass er in mannigfachen Ausgestaltungen an den verschiedensten Orten und zu ungleichen Zeiten angetroffen wird, kann mit seiner Herkunft aus einem archetypischen Vor-Bild erklärt werden.

Einen ausführlichen Bericht über eine Opfersitte schrieb der arabische Schriftsteller IBN FADHLAN, der in den Jahren 921-922 als Gesandter bei den Wolga-Wikingern weilte: Eine junge Frau

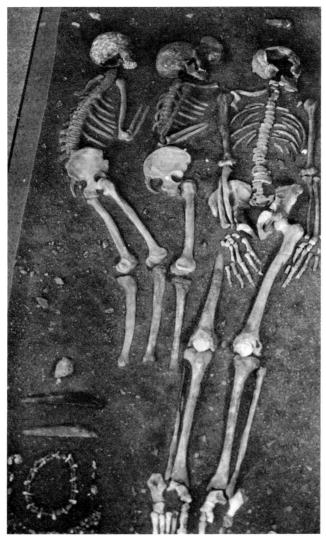

Abb. 30 Dreierbestattung von Barma Grande (Ligurien)

wurde nach tagelangen Zeremonien, die ungefähr einem Hochzeitsritual entsprachen, getötet und auf einem Schiff an der Seite eines verstorbenen Häuptlings verbrannt. Ein ähnlicher Ritus wurde etwas später ebenfalls von einem Araber, von IBN RUSTAH, überliefert: «Wenn einer ihrer Notablen stirbt, erstellen sie ein Grab wie ein grosses Haus und legen ihn hinein. Mit ihm begraben sie seine Kleider, seine vielen goldenen Armreife, reichlich

Speisen, Trinkgefässe und Münzen. Sie geben ihm auch seine Lieblingsfrau lebend ins Grab. Dann wird dieses geschlossen, und sie stirbt darin.» Als weiteres Beispiel seien noch die Skythen, ein eurasisches Steppenvolk, erwähnt. Zahlreiche Gräberfunde zeigen, dass die Herrscher von ihren Frauen und Kebsweibern in den Tod begleitet wurden. Trotz des Verbots finden noch heute Witwenverbrennungen in Indien statt. 1987 konnte man in den Zeitungen lesen, dass in Rajasthan eine junge Frau «Sati» begangen, das heisst, ihrem verstorbenen Gatten auf den Scheiterhaufen gefolgt war. Sie entging damit dem traurigen Schicksal einer kinderlosen Witwe, als Dienstmagd im Hause der Schwiegereltern gehalten zu werden.

Die Ethnologie liefert viele Beweise für Witwentötungen, die bei Polynesiern, Melanesiern, Papuas usw. noch bis ins 20. Jahrhundert hinein vorgekommen sein sollen. Nach Absetzung der blutigen Riten wurden Ersatzopfer vollzogen: Die Witwen mussten eine bestimmte Zeit unter einer Decke oder im Grab ihres Mannes verweilen (Neu-Guinea), anderswo beerdigte man die Knochen einer Frau mit dem Toten (Sudan) oder legte die Haare der Hinterbliebenen auf den Sarg (Kaukasus). Heiratsbräuche, die beim Bestattungsritual verschiedener Völker üblich sind, lassen erkennen, dass im mythischen Seinsverständnis Hochzeit und Tod in engem Zusammenhang stehen.

Von einer Hochzeit im Totenreich berichtet uns der homerische Mythos der Persephone, die von Hades in die Unterwelt entführt wurde und dort ein Kind empfing. Diese Vermählung und die Geburt eines göttlichen Kindes unter der Erde gehörten zu den Glaubensinhalten der heiligen Mysterien von Eleusis. Den Eingeweihten schenkte die Teilhabe an den kultischen Handlungen die Hoffnung auf ein neues Dasein im Jenseits und verhalf ihnen dazu, die Angst vor dem Tode zu überwinden.

Zum Schluss noch ein beweiskräftiges Beispiel für die Sublimierung der Totenhochzeit, das uns ein Grabfund aus dem Mittleren Reich Altägyptens liefert: die stark stilisierte kleine Terrakottafigur einer Frau. Es handelt sich um eine sog. «Totenkonkubine», welche dem Verstorbenen als das zu seiner Wiedergeburt unentbehrliche weibliche Element dienen sollte (Abb. 31).

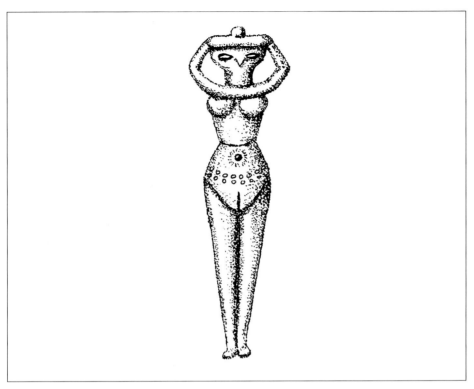

Abb. 31 «Totenkonkubine», Ethnographisches Museum, Neuenburg

Die Rolle der Tiere im magischen Weltbild

Ausser den bisher geschilderten Formen der Wiedergeburtsmagie gibt es auch jene der Stellvertretung durch Tiere.

In der mythischen Weltsicht bildeten alle Geschöpfe eine urtümlich gegebene Einheit. Der Mensch konnte sich mit den Tieren, welche z. T. anatomische Ähnlichkeiten und analoge Verhaltensweisen zeigten, völlig identifizieren. Im totemistischen Glauben der Naturvölker werden Tiere als Ahnen angesehen. Sexualakte zwischen Mensch und Tier werden sowohl in Mythen überliefert als auch bildlich wiedergegeben. Als Beispiel seien ein Felsbild des arktischen Kulturkreises mit Mann und Hirschkuh erwähnt und eine Darstellung auf einer Schieferplatte am Abhang des Val Camonica, die das gleiche Thema zeigt (Abb. 32).

Abb. 32 Felszeichnung im Val Camonica

Im Lauf der religiösen Entwicklung wurden die Tiere zu Erscheinungsformen des Überirdischen: Götter in Tiergestalt traten auf. Als sie durch menschengestaltige Götterfiguren abgelöst wurden, blieb ihnen als deren Attribute ein wichtiger Stellenwert erhalten. Den Göttern selbst eignete die Fähigkeit, sich in Tiere zu verwandeln, wie dies etwa Zeus bei seinen erotischen Abenteuern zu tun pflegte.

Tiere wurden in der Antike als Sterne an den Himmel versetzt. Die Sternbilder, welche sich auf der Ekliptik befinden, nannte man Zodiakus oder Tierkreis und sah in ihnen die verkörperten kosmischen Energien.

Die Tiersymbole der christlichen Kunst sind Zeichen lebendigen Glaubens; Lamm, Fisch, Taube und die Tiere der Evangelisten haben bis heute ihre Aussagekraft behalten.

In ihrem negativen Aspekt gelten Tiere als Vertreter des Dämonischen, Widergöttlichen. Ihnen begegnen wir an Bildwerken der Romanik, deren mythische Sprache wir leider kaum verstehen.

Im Lauf der Jahrhunderte verlieren die Tierdarstellungen ihren Symbolcharakter, um schliesslich noch allegorischen Aussagen zu dienen, wie der Pfau – einst ein Sinnbild der Unsterblichkeit – welcher zur Verkörperung der Eitelkeit herabgewürdigt wurde. In den Fabeln bleibt den Tieren ebenfalls nur die vordergründige Aufgabe der moralischen Erziehung.

Im Gegensatz dazu gebührt den Tiergestalten im Märchen ein mythischer Wert. Da sie dem Walten der Natur kein eigenwilliges Ich entgegenstellen, verfügen sie über eine besondere Weisheit, mit der sie den geprüften Helden hilfreich zur Seite stehen. Nach C.G. JUNG bedeutet das Tiermotiv in den Märchen eine Manifestation des Geist-Archetypus.

Dem Eiszeitjäger erschienen die grossen Tiere als mächtige, an Körperkraft und Fruchtbarkeit überlegene Wesen. Er lebte mit ihnen in so enger kreatürlicher Verbundenheit, dass er geglaubt haben mag, ihre Eigenschaften durch Zauberhandlungen auf sich übertragen zu können. Und da bekanntlich die Todeserfahrung und die Überwindung der Vergänglichkeit die Hauptproblematik seines Daseins bildeten, wird er vor allem versucht haben, den Toten zur Sicherung ihrer Wiedergeburt auf magische Weise die Zeugungskraft der Tiere zu übermitteln. Möglicherweise opferte man diese ursprünglich im Totenkult. Da aber im magischen Weltbild ein Objekt und sein Abbild gleichwertig sind, erfüllten bildliche Darstellungen dieselben Bedingungen, ein Tatbestand, dem wir die Kunstwerke der Eiszeit verdanken.

Zweiter Teil

6. Das Menschenbild in der Eiszeitkunst

Bedeutung und Darstellung des Weiblichen

Die weiblichen Darstellungen der Eiszeitkunst können als Beweis dafür angesehen werden, dass die zum Vollzug der Wiedergeburt geopferte Frau durch eine Skulptur oder ein Bild ersetzt worden ist, ohne dass der magische Vorgang dadurch eine Beeinträchtigung erfahren hätte.

Diese Erzeugnisse der Eiszeitkunst haben eine zeitliche Entwicklung durchgemacht. In die frühe Epoche gehören kleine *Statuetten* aus Mammutelfenbein, Stein oder Ton, die man in ähnlicher Gestaltung von den Pyrenäen bis nach Ostrussland gefunden hat und die offensichtlich einer archetypischen Vorstellung entsprechen. Sie zeichnen sich durch starke Betonung von Brüsten, Hüften und Gesäss aus, was sie zur Fortpflanzung besonders geeignet erscheinen liess. Die Arme sind klein, auf den Leib gelegt, die Beine nach unten spitz zulaufend, ein Gesicht fehlt meistens. Einige Forscher haben in ihnen Fruchtbarkeitsgöttinnen gesehen und sie «Venus»-Statuetten genannt. Damit wurde der Entwicklung religiöser Vorstellungen vorgegriffen. Die Frau sollte den Toten zu neuem Leben verhelfen, wird aber kaum als Göttin verehrt worden sein. M. ELIADE betont, dass die Jägerkulturen nicht wie die ackerbauenden empfanden, dass der Kult einer Muttergöttin und die Heiligkeit der Frau sich erst im Ackerbau entwickelt und zu einem differenzierten religiösen System geführt haben.

Die sogenannte «Venus von Willendorf» wurde in einer Mammutjäger-Station in Österreich gefunden. Sie ist in Kalkstein gearbeitet, ungefähr 11 cm hoch, fettleibig, aber gut proportioniert; der dargestellte Haarschmuck gehört zu den Ausnahmen (siehe hinten Abb. 211 S. 211). Aus den französischen Pyrenäen stammt die «Venus von Lespugue», eine 15 cm grosse Elfenbeinfigur, bei der die anatomischen Gegebenheiten zugunsten der magischen Wirkung völlig verändert sind. Brüste, Hüften und Gesäss bilden einen breiten Mittelteil, von dem aus sich die Gestalt mit Hals und Kopf nach oben und mit den Beinen nach unten stark verjüngt. Durch seine grosse Ausdruckskraft ist das kleine Kunstwerk auch heute sehr ansprechend. Nach dem gleichen Kanon wurde in Dolní Věstonice eine Statuette aus einer Mischung von Knochenmehl und Ton modelliert. Neben vielen weiteren Beispielen dieser Art gibt es noch Frauenstatuetten, die als schwan-

Abb. 33   «Venus» Statuette

ger gekennzeichnet sind, so einige Mammutelfenbein-Objekte aus Předmostí. Damit wird die Aufgabe der Frau besonders deutlich vor Augen geführt. Auch russische Funde lieferten mehrere kleine Frauenfiguren, die zum Teil «Venus»-ähnlich, zum Teil langgestreckt und mit Gesichtern versehen sind (Abb. 33).

Dass Frauenfiguren den Toten ins Grab mitgegeben wurden, beweist ein Fund in Arene Candide an der italienischen Riviera: Das Skelett eines etwa 18-jährigen Mannes war ganz mit rotem Ocker bedeckt und mit zahlreichen Beigaben versehen. Auf dem Schädel befanden sich die Reste einer mit Muscheln und Tierzähnen behangenen Kappe. Die Hand hielt ein Steinmesser, daneben lagen Lochstäbe und – was hier vor allem interessiert – neben jedem Knie eine wenig ausgearbeitete weibliche Figur aus Knochen.

Die Künstler der Eiszeit haben Frauen auch als *Reliefs* nachgebildet. Vier davon wurden in Laussel entdeckt. Am besten erhalten ist eine etwa 40 cm hohe weibliche Figur, die aus einem Kalkblock herausgesägt und in das Museum von Bordeaux übergeführt wurde. Sie war mit rotem Ocker bestreut in der Absicht, ihre lebenspendende Wirkung zu erhöhen. Wie bei vielen Statuetten ist die Beckenregion überbetont, die Brüste hängen schwer herab, am Kopf ist eine Haartracht angedeutet. Während die linke Hand auf dem gerundeten Bauch liegt, streckt die rechte einen Gegenstand empor. Wahrscheinlich handelt es sich um das Horn eines Bisons, mit dem die Frau, wie wir später sehen werden, in enger symbolischer Beziehung stand. Gleichzeitig erinnert es an den zunehmenden Mond, und die eingeritzten 13 Kerben beziehen sich vielleicht auf dessen Zeitspanne (Abb. auf der Titelseite, Abb. 214, S. 213). Die gleiche Fundstelle brachte unter anderem noch die Skulptur eines ityphallischen Mannes, einen Phallus aus Stein, gravierte Vulven und eine männliche Figur als Relief.

In Angles-sur-Anglin gibt es Flachreliefs von drei Frauen. Sie stammen aus einer spätern Zeit und sind der zunehmenden Stilisierung unterworfen. Wiedergegeben sind nur der Unterleib mit betontem Schamdreieck und die verkürzten Beine.

Dem Relief der Felswand angepasst sind zwei Frauendarstellungen in der Höhle von La Magdelaine. Aussergewöhnlich ist ihre Stellung: Sie liegen mit auf die Hand gestütztem Kopf. Wie bei den Reliefs und grösseren Skulpturen üblich, befinden sie sich im Tageslichtbereich (Abb. 34).

Auch bei den zahlreichen *Frauenbildern* ist eine Stilisierung festzustellen. In der labyrinthartigen Grotte von Pech-Merle wurden in eine mit einer Lehmschicht überzogene Decke weibliche Gestalten eingeritzt (Abb. 35). Eine von ihnen ist vollständig ausgeführt, mit ausladendem Gesäss, hängenden Brüsten und einer Frisur, die wir bereits bei der «Venus von Laussel» gesehen haben. Ihre vornübergeneigte Haltung hat schon zu verschiedenen Interpretationen geführt; einige Forscher sprachen von einer Angleichung an die Rückenlinie von Tieren, andere vermuteten in ihr die Bereitschaft der Frau zum Geschlechtsakt, was der magischen Absicht genau entspricht. Auf alle Fälle muss eine bestimmte Aussage damit verbunden sein, denn sie wiederholt sich bei anderen Darstellungen. Bei einer Gravierung fehlt der Kopf, womit der Zustand des Todes angedeutet sein und das Opferritual früherer Zeiten seinen Niederschlag finden könnte.

Abb. 34   Weibliche Figur als Relief (La Magdaleine)

Die gravierten weiblichen Figuren von Les Combarelles sind weiter vereinfacht und haben weder Kopf noch Füsse; das gleiche gilt für die Bilder von La Roche Lalinde aus derselben Gegend. Alle zeigen sie einen nach vorne gebeugten Körper mit eingeknickten Beinen (siehe Abb. 50 S. 71).

Im Laufe der geistigen Evolution verdichtet sich der Glaube an die magische Rolle der Frau beim Werden und Vergehen zur Ver-

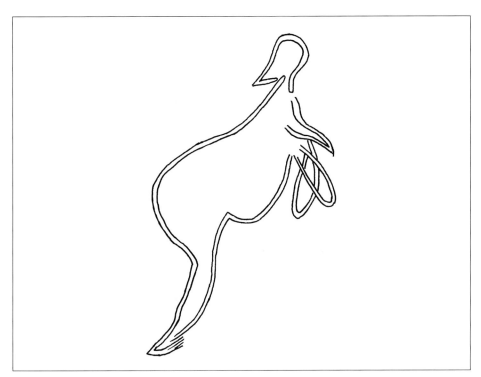

Abb. 35 Frauenfigur in Lehm eingeritzt (Pech-Merle)

ehrung einer Muttergöttin oder Magna Mater. Deren Bildnisse erscheinen auch fettleibig, mit betonten sekundären Geschlechtsmerkmalen als Zeichen der Fruchtbarkeit (Abb. 36).

Aus dem Neolithikum kennen wir die Kykladen-Idole der Ägäis. Sie wurden zuerst aus Ton, später aus Marmor gefertigt und immer mehr stilisiert. In die Badari-Kultur des Chalkolithikums Oberägyptens gehören nackte weibliche Figuren mit betonten Genitalien; Hathor und Isis gelten, allerdings in sublimierter Gestalt, als ihre Nachfolgerinnen.

In der Megalithkultur Maltas trifft man auf ähnliche Kultgegenstände: kleine Alabaster-Statuetten aus der unterirdischen Anlage von Hal Saflieni, eine «Venus von Malta» genannte Terrakottafigur ohne Kopf von Hagar Quim, eine weitere mit übergrossen Brüsten und betonter Vulva aus Mnajdra und viele mehr.

Zum Abschluss dieser unvollständigen Serie noch ein Beispiel aus keltischer Zeit: Die «Sheela-na-gig», welche mit beiden Händen den Weg in ihren Unterleib öffnet, zeigt auf besonders drasti-

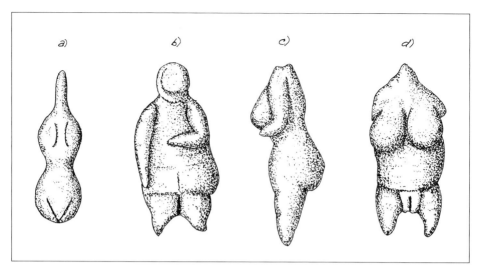

Abb. 36 Weibliche Idole
a) Paros (Kykladen)
b) Hal Saflieni (Malta)
c) Hagar Qim (Malta)
d) Mnajdra (Malta)

sche Weise, wie Geburt und Tod, Erschaffung und Zerstörung, durch den mütterlichen Schoss gehen. Aber es gibt nichts Neues unter der Sonne: Schon vor mehr als 10 000 Jahren hatte ein Künstler der Eiszeit die Statuette einer Vorgängerin mit übergrosser Vulva gebildet (Abb. 37 und 38).

Da für den magisch empfindenden Paläolithiker von einem Teil die gleiche Wirkung zu erwarten war wie vom Ganzen, konnte die Frau durch die blosse Wiedergabe ihrer *Geschlechtsorgane* in ihre Rolle eingesetzt werden.

Die ersten Vulvendarstellungen sind ins Aurignacien, also in die früheste Epoche des Jungpaläolithikums, zu datieren. Unter den Funden von La Ferrassie befinden sich an die zwanzig Steinblöcke mit Gravierungen, von denen fast die Hälfte Sexualorgane, und zwar vorwiegend weibliche, betreffen. Weitere Beispiele stammen aus den Abris von Cellier und Blanchard. Solche naturalistische Abbilder der Vulva sind selten, denn, wie wir sehen werden, hat man sie meistens durch ein entsprechendes Zeichen ersetzt. Erwähnenswert ist noch ein Halbrelief aus Lehm in der Höhle von Bédeilhac, bei dem sogar die Klitoris nachgebildet ist (Abb. 39, 40, 41).

Abb. 37　Keltische «Sheela-na-gig»

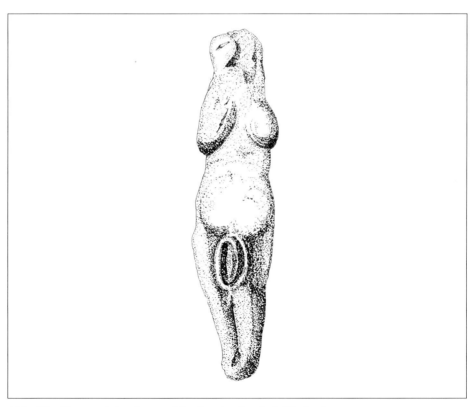

Abb. 38　Frauenstatuette von Montpazier (nach J. Clottes)

Abb. 39 La Ferrassie					Abb. 40 La Ferrassie

Abb. 41 Abri Cellier

Abb. 42 Oelknitz

Übereinstimmende magische Vorstellungen haben dazu geführt, dass in andern geographischen Gebieten das weibliche Sexualorgan ebenfalls einen wichtigen Stellenwert im Totenkult besass. Die Freilandfundstelle von Oelknitz im deutschen Saaletal erbrachte z. B. einen Sandsteinblock mit einer dreieckigen Vulva, während aus Ost-Europa eine etwas abweichende Art der Wiedergabe bekannt ist: In die obere, abgeflachte Seite eines Kugelausschnittes aus weichem Stein wurde eine Spalte eingekerbt (Kostienki, UdSSR) (Abb. 42 und 43).

Als naturgegebene Abstraktion der Vulva bot sich die Kauri-Muschel an, welche noch heute ein weibliches Symbol ist und bei Naturvölkern als sogenannte «Scheidemünze» als Zahlungsmittel diente. Wo Kauri-Schnecken aus dem Meer nicht zu haben waren – die Eiszeitmenschen sammelten sie in einem Umkreis von 100 bis 200 km – wurden sie durch fossile Formen ersetzt.

Eine wichtige Stellung nehmen in der Kunst der Eiszeit die *Zeichen* ein. Da sie, wie die andern Darstellungen, als wirkkräftig

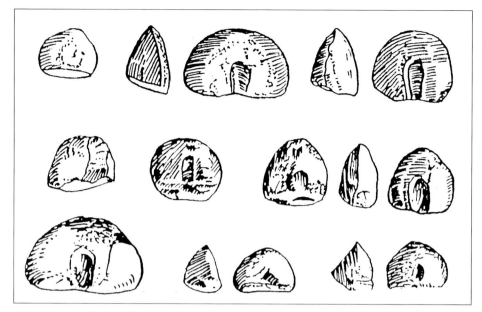

Abb. 43   aus Stein geformte Vulven (Kostienki) nach Jelínek

angesehen wurden und einen magischen Zweck erfüllen sollten, entspricht ihnen hier auch der Begriff des Symbols. Dessen Sinn war den Eingeweihten ohne weiteres verständlich, auch wenn es nur andeutungsweise wiedergegeben war (Abb. 44, 45, 46).

Es ist das grosse Verdienst LEROI-GOURHANS, die Bedeutung dieser seltsamen Gebilde erkannt zu haben. Statistische Erhebungen über die Lokalisation der Zeichen, ihre Zuordnung und Übereinstimmung mit bestimmten Tierarten liessen ihn eine männliche und eine weibliche Kategorie unterscheiden. Wie schon anfangs gesagt, ist mit der Entdeckung dieser Polarität eine neue Möglichkeit der Interpretation gegeben worden. Die weiblichen Zeichen erscheinen grösstenteils in der Zentralregion der Höhlen und deren Umgebung, die männlichen an Randzonen und Eingängen zu Nebenkammern, an Verengerungen, Spalten und Endungen, die wegen ihrer topographischen Beschaffenheit als weiblich galten und durch die männlichen Zeichen ergänzt wurden.

Bei den weiblichen Zeichen sind die abstrakten Formen der Vulva oder des Schamdreiecks – runde, ovale, glocken- und herzförmige, dreieckige, rechteckige und rhomboide – relativ leicht zu erraten. Dem Bild eines modernen Malers möge man entnehmen, wie wenig sich gewisse Vorstellungen geändert haben! (Abb. 47).

Verschiedene Grade der Stilisierung kann man in der asturischen Höhle von Tito Bustillo an gemalten Vulven beobachten, die in einem abgelegenen Divertikel vor dem Ende der Grotte angebracht sind. Bei einem Exemplar ist mit kleinen Strichen eventuell die Schambehaarung angedeutet. Ergänzt wird die Darstellung durch männliche Zeichen und eine weibliche Figur ohne Kopf, eine Besonderheit, in der wir einen Hinweis auf die Rolle der Frau im Totenkult sehen.

Rechteckige und rhomboide Vulven sind in einen halbrunden Stab aus Isturitz eingraviert, eine andere Variation auf ein Objekt aus dem Mas d'Azil. Ein früher etwas naiv als «Marienkäfer» bezeichneter Anhänger aus Laugerie Basse wird jetzt ebenfalls als Vulva erkannt.

Dass man im Grab eines Mannes in Brno runde Knochenplättchen fand, denen man das Aussehen der weiblichen Scham verliehen hatte, ist ein weiterer Beweis für die Bedeutung der Frau im Totenkult. Diese Ansicht vertritt auch A. MARSHACK, der aus dem Vorhandensein solcher Plättchen in einer männlichen Bestattung auf einen Sinngehalt der Vulva schliesst, der über die blosse Darstellung des Weiblichen und über Sexualsymbolik hinausgeht.

Die Aneinanderreihung rechteckiger Vulvenbilder diente wahrscheinlich der Erhöhung des magischen Effekts und führte zu den gitterförmigen Zeichen. Früher interpretierte man sie in Anlehnung an die Jagdmagie-Theorie als Tierfallen, obwohl nach Ansicht mehrerer Prähistoriker im Paläolithikum eher die Treib- und Angriffsjagd praktiziert wurde (Abb. 48).

In Lascaux ist ein solch gitterförmiges Symbol von zwei Steinböcken flankiert. Hätte es sich tatsächlich um eine Falle gehandelt, so wäre in magischer Absicht das gewünschte Ergebnis, nämlich das Tier in der Fangvorrichtung, dargestellt worden. Dass die Steinböcke neben der «Falle» stehen, ergibt nur dann einen Sinn, wenn man das Gitterzeichen als weibliches Symbol betrachtet, dem die Steinböcke als Repräsentanten des männlichen Geschlechts (siehe Kap. Steinbock) zugeordnet sind. In der Grotte von Gazel ist an einer Stelle, die nur kriechend erreicht werden kann, einem Gitterzeichen ein Pferd, ebenfalls Vertreter des Männlichen, beigegeben.

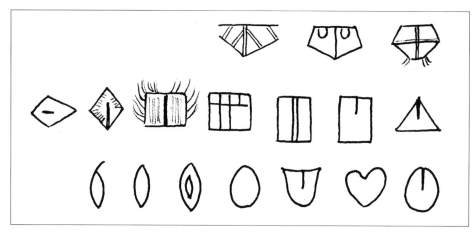

Abb. 44 Weibliche Zeichen (nach Leroi-Gourhan) von der Vulva abgeleitet

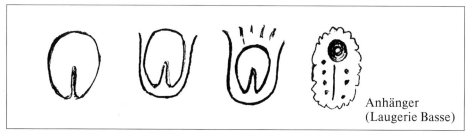

Abb. 45 Vulven aus dem Camarín de las vulvas (Tito Bustillo)

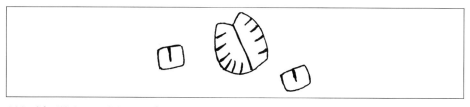

Abb. 46 Vulvenzeichen auf halbrundem Stab (Isturitz)

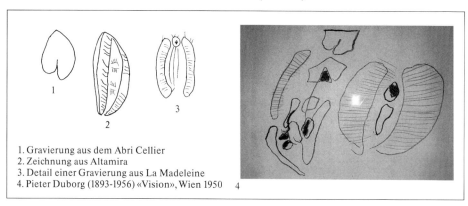

1. Gravierung aus dem Abri Cellier
2. Zeichnung aus Altamira
3. Detail einer Gravierung aus La Madeleine
4. Pieter Duborg (1893-1956) «Vision», Wien 1950

Abb. 47 Weibliche Symbole aus dem Paläolithikum und aus der Gegenwart

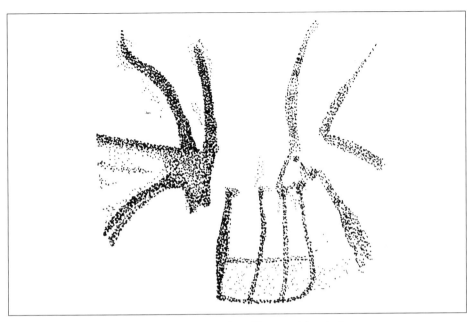

Abb. 48   Gitterzeichen, Ausschnitt aus einer Komposition in Lascaux

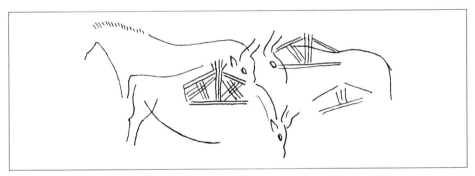

Abb. 49   Tectiforme Zeichen auf einer Bison-Gruppe (Font-de-Gaume)

entziffern, und man begegnet ihnen auch in späteren Epochen. Die ovalen oder mandelförmigen Symbole, welche die Kelten für den Mond und das weibliche Geschlecht einsetzten, unterscheiden sich nicht von den paläolithischen. Die Wiedergabe der weiblichen Genitalien durch einen Rhombus hat Jahrtausende später zu rautenförmigen Ornamenten geführt, deren ursprüngliche Bedeutung kaum mehr bekannt ist. Auf dem Kleid einer archaischen Terrakottafigur der Aphrodite ist sie jedoch unschwer zu

Die sogenannten tectiformen Zeichen (Abb. 49), Abwandlungen des Dreiecks, stellten nach der alten Auffassung Hütten dar; Leroi-Gourhan zählt sie aber aufgrund seiner Untersuchungen ebenfalls zu den weiblichen Symbolen. Mehrere Beispiele davon gibt es in den Höhlen der Dordogne, wie Combarelles, Font-de-Gaume und Bernifal.

Eine andere Gruppe weiblicher Zeichen bezeichnete man früher als Wurfgeschosse. Diese sogenannten Claviformen lassen sich aber ohne Zweifel vom schematisierten Umriss des weiblichen Körpers ableiten. Man erinnere sich an die stark stilisierten Darstellungen von La Roche Lalinde oder betrachte kleine Statuen aus Nebra und Pekárna und vergleiche sie mit einem claviformen Symbol, z. B. in der Höhle von Niaux, um sich von dessen Herkunft zu überzeugen (Abb. 50). Besonders schöne Exemplare von Claviformen in roter Farbe weist die Höhle von La Pasiega auf (Abb. 218, Seite 214).

Zusammenfassend kann gesagt werden, dass vermutlich in der Wiedergeburtsmagie die Opferung der Frau durch ihre bildliche Wiedergabe abgelöst worden ist. Mit der Zeit trat eine zunehmende Stilisierung und Verschlüsselung dieser Darstellungen bis zum blossen Zeichen ein. Wie wir später sehen werden, dienten auch bestimmte Tierarten als weibliche Symbolträger.

Die Bedeutung der Frau als Trägerin des Lebens wird sichtbar, seit der Mensch Spuren seiner Beschäftigung mit dem Übersinnlichen hinterlassen hat.

Ihr archetypisches Bild wird sich später differenzieren; sie erscheint als «Magna Mater» und Urquell aller Kreatur, als Fruchtbarkeitsgöttin, Bringerin der Ernten, Herrin der Tiere, aber nie wird sie ihre Beziehung zum Tod verlieren und Mutter der Toten bleiben. «Zweimal durch die Mutter gehen» nennt C. G. Jung den Weg durch Geburt und Tod. Ein Sarkophag aus dem alten Ägypten trägt im Innern des Deckels ein Bildnis der Göttin Nut. Sie ist die Mutter der Sterne, die «in ihren Mund ein- und aus ihrem Schoss wieder hervorgehen» und des Sonnengottes Re, den sie am Abend verschlingt und am Morgen wieder gebärt. Den Toten, der im Sarg liegt, wird sie umarmen und ihm neues Leben schenken! (Abb. 51).

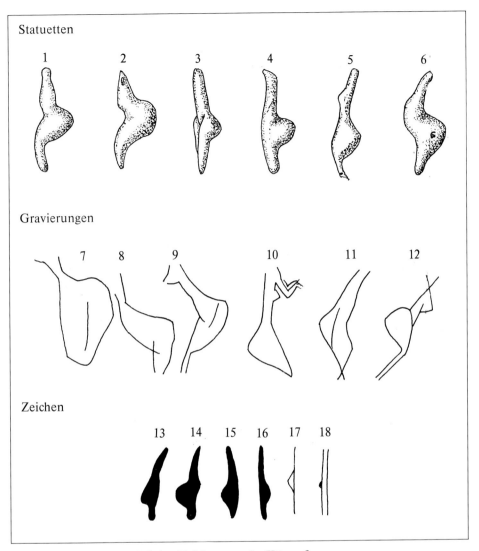

Abb. 50 Ableitung weiblicher Zeichen aus der Körperform
Beispiele unterschiedlicher Herkunft.
1 + 2 Petersfels; 3 Laugerie-Basse; 4 Mezin; 5 Nebra; 6 Pekárna; 7-9 Dreiergruppe Les Combarelles; 10 Gönnersdorf; 11 La Roche-Lalinde; 12 Hohlenstein; 13 + 14 Pindal; 15 + 16 Niaux; 17 + 18 Lascaux

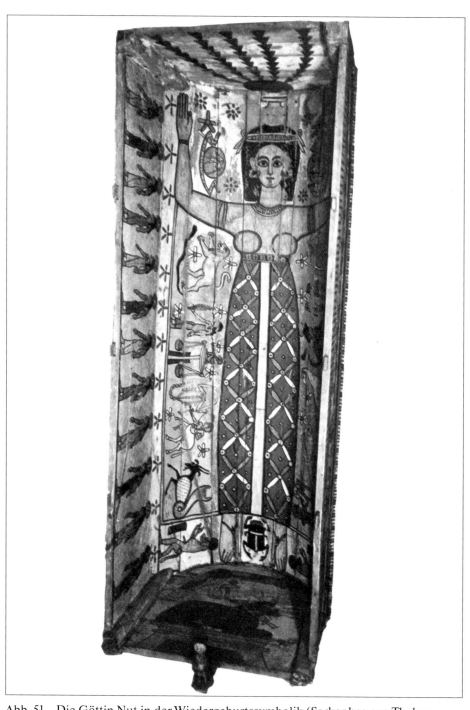

Abb. 51　Die Göttin Nut in der Wiedergeburtssymbolik (Sarkophag aus Theben, 2. Jh. v. Chr.)

Bedeutung und Darstellung des Männlichen

Gegenüber den zahlreichen weiblichen Statuetten treten diejenigen von Männern fast ganz zurück. In der Parietalkunst und auf Objekten der Kleinkunst dagegen sind männliche Darstellungen häufiger, jedoch stark verfremdet. Dahinter muss eine bestimmte Absicht stehen, denn der Paläolithiker war durchaus imstande, Tiere naturalistisch wiederzugeben. Man hat diese seltsamen Gestalten und Köpfe zum Teil als Karikaturen bezeichnet, obwohl kaum anzunehmen ist, dass sich der Künstler in der Tiefe der Höhlen einen Scherz erlaubte. Oder sie wurden, wenn es sich um maskenartige Gesichter mit grossen runden Augen handelte, «Gespenster» genannt, womit man der Wahrheit gewiss näher kam, sollten doch wahrscheinlich Individuen zwischen Tod und Wiedergeburt abgebildet werden (Abb. 52). Einige schnauzenähnliche Profile lassen auch eine Angleichung an tierische Formen, besonders an das Pferd, als möglich erscheinen. Von hörner- und geweihtragenden Männern wird später die Rede sein.

Oft sind die männlichen Wesen ityphallisch – ein Hinweis auf die zu vollziehende Zeugung – wie z. B. auf einem gravierten Knochen aus La Madeleine oder auf Wandbildern von Sous-Grand-Lac (Abb. 53 und 54) und Saint-Cirq (siehe dazu auch S. 204, Abb. 208). In der Höhle von Le Portel sind mit roter Farbe männliche Gestalten um zwei Stalagmitenstümpfe gemalt, die ihnen als Phalli dienen.

Dem *Phallus* kommt seit der Prähistorie eine wichtige Rolle zu als Sinnbild der Fruchtbarkeit und der Lebenskraft, die den Tod überwindet. BACHOFEN nennt ihn das Symbol der stofflichen Zeugung, C. G. JUNG das Symbol des schöpferischen Mana, das «ausserordentlich Wirksame».

Neben den jungsteinzeitlichen weiblichen Idolen Maltas ist das männliche Prinzip durch Phallusdarstellungen vertreten (Abb. 55). In der Kultanlage von Tarxien wurde eine von ihnen in dreifacher Gestaltung aus Stein gebildet. Dort gibt es ausserdem ein Relief zu sehen, das unter der Bezeichnung «Mutterschwein mit Jungen» bekannt ist; bei dessen unvorhereingenommener Betrachtung erweisen sich jedoch die dreizehn Ferkelchen als Phalli und die vermeintliche Sau als eine Kuh! Durch Multiplikation sollte offenbar die magische Wirkung der Symbole eine Stei-

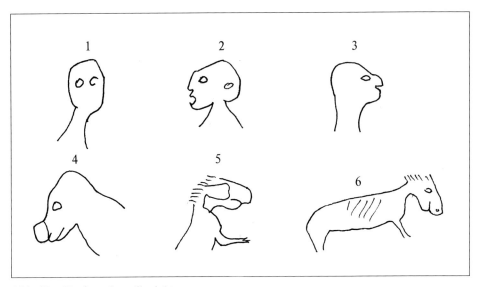

Abb. 52 Verfremdete Gesichter
1. Le Portel
2. Saint-Cirq
3. Los Hornos
4. Les Combarelles
5. u. 6 Abri Murat

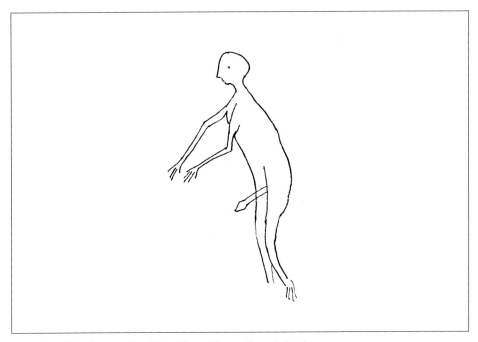

Abb. 53 Gravierte männliche Figur (Sous-Grand-Lac)

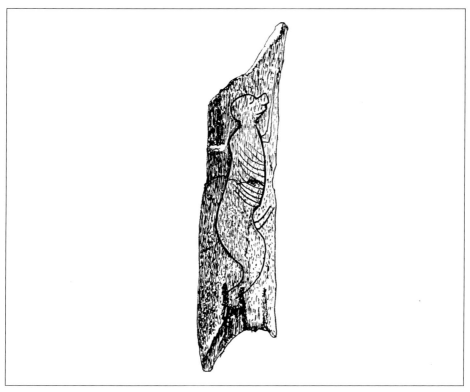

Abb. 54 Fragment eines gravierten Knochens (La Madeleine)

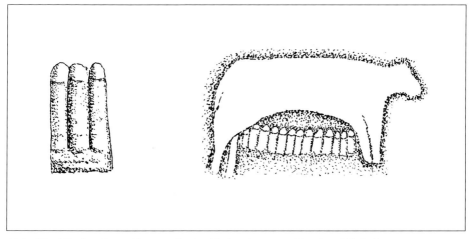

Abb. 55 Phallusdarstellungen in der Kultanlage von Tarxien (Malta)

gerung erfahren, und die Zahlen «drei» (mondlose Nächte) und «dreizehn» (Phase des wachsenden Mondes) dürften auch nicht ohne Absicht gewählt worden sein.

In der Antike legen die Dionysos-Kulte ein beredtes Zeugnis für die Bedeutung des Phallus ab. Sein Abbild nahm in den Prozessionen einen wichtigen Platz ein; die Zeremonie der Phallus-Enthüllung gehörte zu den Ritualen der Dionysos-Mysterien, in denen archaische Vorstellungen durch einen vergeistigten Sinngehalt und primitive Ausdrucksformen durch Symbole abgelöst wurden.

Die dionysische Zeugungskraft fand im ursprünglich phrygischen Gott Priapus ihre Verkörperung. Einem Mythos zufolge war er der Sohn des Dionysos und der Aphrodite. Die stets eifersüchtige Hera berührte den Leib der Schwangeren und wünschte dem Kind ein riesiges Genitale an. Den Ort, an dem Stelen des Priapus aufgestellt wurde, nannte man im Glauben an eine metaphysische Einheit von Leben und Tod «mortis et vitae locus» (Stätte des Todes und des Lebens). Statuetten des Gottes erhielten die Toten als Beigaben. Im Museum von Tarragona ist eine kleine Marmorfigur des Priapus ausgestellt, die als Ganzes die Form eines Phallus hat und dazu noch ityphallisch gezeigt wird, womit sich die magische Potenz des Symbols vervielfacht. Grabsteinen in phallischer Gestalt begegnet man bei mehreren alten Völkern des Mittelmeerraumes, Phalli legte man den Verstorbenen in die Gräber, brachte sie an Sarkophagen an, alles in der Absicht, ein Fortleben nach dem Tode zu ermöglichen.

In den Totenkult gehören auch die Phallus-Menhire, welche noch heute in der Bretagne zu sehen sind. Nach J. SHARKEY soll es in irischen Bestattungsbräuchen Relikte phallischer Rituale aus keltischer Zeit geben.

Die Ethnologie liefert uns vielfältiges Beweismaterial für den Einsatz des Phallussymbols als Garanten der Wiedergeburt. Erwähnt seien hier nur die phallischen Verzierungen an den Steinsärgen in Sumatra und die Sitte, phallische Steine in die Grabkisten zu stellen (Celebes).

Auf einer höheren Ebene ist der Phallus als Sinnbild der Aktivität und geistiger Potenz aufzufassen.

Den Glauben an die lebenspendende Kraft des Phallus gab es bereits in der *Altsteinzeit* (Abb. 56 und 57). Das älteste Objekt der

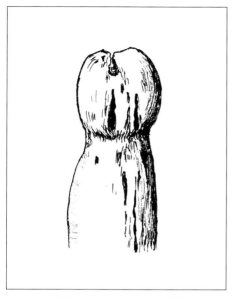 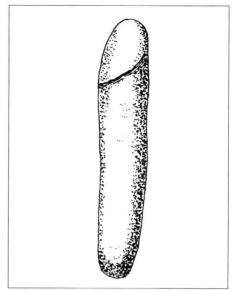

Abb. 56 Phallus aus dem Abri Blanchard   Abb. 57 Phallus aus Oelknitz

Kleinkunst, welches bis jetzt gefunden wurde, ist ein Phallus aus Rinderhorn. Er stammt aus dem Abris Blanchard und zählt über 30 000 Jahre. In der Höhle von Bédeilhac ist eine phallusähnliche Formation des Felsens in das kultische Sinnbild der Potenz umgestaltet worden.

Dass der Phallus auch in andern geographischen Gebieten seine Geltung hatte, zeigt ein Stück Geröll aus dem ostdeutschen Raum, welches mit eingravierten Linien vervollständigt worden ist. Zur Verstärkung der magischen Wirkung hat ein Künstler der Eiszeit aus Rengeweih einen Doppelphallus geschnitzt und mit anatomisch genauen Einzelheiten versehen (Abb. 58).

Im Zusammenhang mit dem Phallus muss von einem Gerät der Eiszeitjäger gesprochen werden, dem sogenannten «Lochstab», der in allen Kulturschichten des Jungpaläolithikums auftritt. Es handelt sich dabei um ein Stück aus der Geweihstange des Rens, in deren dickste Stelle ein Loch gebohrt wurde. Ethnologische Vergleiche lassen vermuten, dass die Jäger damit ihre Wurfpfeile, Speere und Harpunen geradebogen. Die künstlerisch reichverzierten Exemplare scheinen allerdings nicht für den täglichen Gebrauch, sondern für rituelle Zwecke bestimmt gewesen

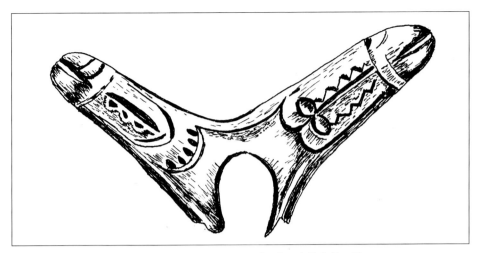
Abb. 58   Doppelphallus aus den Gorges d'Enfer (nach J. Jelínek)

zu sein. Das Gebilde des Lochstabs an sich kann sinnbildlich verstanden werden, wobei Funktion und Symbolgehalt einander entsprechen. Da Vergleiche mit der magischen und symbolischen Bilderwelt späterer Kulturen uns das Verständnis für den Sinngehalt der Eiszeitkunst erleichtern, folgen hier zwei Beispiele, die analoge Vorstellungen betreffen. Das erste finden wir im indischen Kulturkreis: Nach vedischem Brauch wurde das heilige Feuer mit einem Stab aus Feigenholz, dem männlichen Anteil, in einem durchbohrten Stück Akazienholz, dem weiblichen Anteil, erzeugt und der Vorgang des Feuerreibens dem Sexualakt gleichgestellt. Auf das zweite Beispiel stossen wir in der griechischen Antike: Wie BACHOFEN überliefert, diente die aus Ring und Nadel zusammengesetzte Spange am Gewand der Frauen als symbolische Wiedergabe der geschlechtlichen Vereinigung.

Der Schaft der Lochstäbe wurde verschiedentlich als Phallus gebildet, wie ein Objekt aus Farincourt, das neben einem Phallus aus Sandstein lag, ein anderes aus La Madeleine und ein mit Fischen verziertes aus Bruniquel. Dass Fische – wie wir später sehen werden, männliche Symboltiere – auf dem Schaft abgebildet sind, ist nicht etwa Zufall, sondern entspricht dem Sinngehalt des Lochstabs (Abb. 59 u. 60).

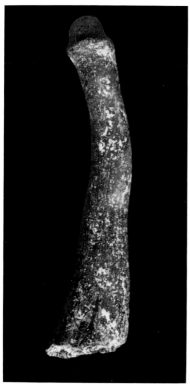

Abb. 59 Phallusförmiger Lochstab; Fragment (La Madeleine)

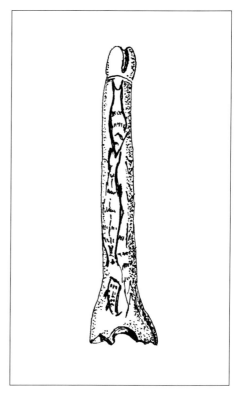

Abb. 60 Lochstab mit Fischmotiv (Bruniquel) (nach A. Marshack)

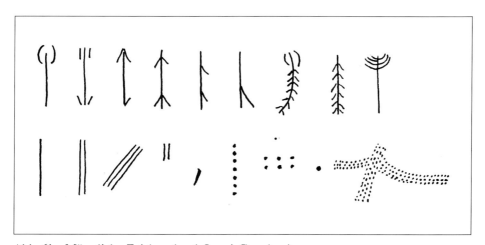

Abb. 61 Männliche Zeichen (nach Leroi-Gourhan)

Wie die weiblichen können auch die männlichen Geschlechtsorgane bis zum *Zeichen* stilisiert sein. LEROI-GOURHAN zählt zu diesen die Striche oder Stäbchen, die einzeln oder parallel geordnet erscheinen, die Haken, die auch gefiedert und manchmal mit Widerhaken versehen sind, und die Punkte (Abb. 61). Er identifiziert sie vor allem durch ihre Beziehung zu weiblichen Symbolen; zudem erlaubt ihr örtliches Vorkommen im Höhlensystem ebenfalls eine Klassierung als männliche Symbolträger.

Dass die Zeichen eine Abstraktion naturalistischer Darstellungen sind, lässt sich überdies an zwei Gravierungen auf Werken der Kleinkunst ablesen: Auf dem ersten Stück, einem halbrunden Stab aus La Madeleine, sind nebeneinander eine Vulva, ein Phallus und der Kopf eines Bären abgebildet, die Sexualorgane bis ins Detail genau (Abb. 62). Es mag auf den ersten Blick unrealistisch erscheinen, dass der Phallus dem Bären zugewandt ist; wenn man jedoch den Symbolwert des Bären berücksichtigt, ist die Komposition durchaus folgerichtig (siehe dazu S. 160, Abb 152). In Analogie zu dieser Darstellung sieht man auf dem zweiten Stück, einem Lochstab aus Massat, in derselben Reihenfolge ein ellipti-

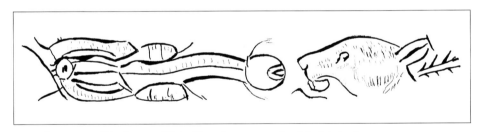

Abb. 62   Vulva, Phallus und Bär (Gravierung aus La Madeleine)
(nach A. Marshack)

Abb. 63   Abstrakte Wiedergabe desselben Themas (Gravierung aus Massat)
(nach A. Marshack)

sches Zeichen anstelle der Vulva, ein gefiedertes Zeichen für den Phallus und ebenfalls den Kopf eines Bären (Abb. 63).

Die Deutung der strich- und hakenähnlichen Zeichen, deren phallische Natur seit FREUD allgemein bekannt ist, wurde eher akzeptiert als diejenige der punktförmigen. Man könnte sich vorstellen, dass die Samen von Gras und Wildgetreide ein Bild für dieses männliche Symbol geliefert haben. M. ELIADE berichtet, dass in der indischen Tradition die Erde als weiblich, die Samen der Pflanzen als männlich galten. Zur Illustration diene hier die Gegenüberstellung einer natürlichen Felsspalte und einer Gruppe von Punkten aus der Höhle von El Castillo. Felsfigurationen, die eine gewisse Ähnlichkeit mit dem weiblichen Geschlechtsorgan aufweisen, wurden oft durch männliche Zeichen ergänzt (siehe hinten Abb. 215).

Bevor wir die Verbindung männlicher und weiblicher Zeichen in der Eiszeitkunst besprechen, müssen wir uns mit der Symbolik des Paares befassen.

Bedeutung und Darstellung des Paares

Zu den Urprinzipien des Lebens gehören das Männliche und das Weibliche. Sie stehen sich als zwei Pole gegenüber, was symbolisch durch verschiedene Gegensatzpaare ausgedrückt wird wie Phallus-Vulva, Lingam-Yoni, Pfeil-Wunde, Yang-Yin, Himmel-Erde, Sonne-Mond, Zeit-Raum, Geist-Materie, Logos-Eros. Als Götterpaare kennen wir unter vielen anderen Innana und Tammuz, Ischtar und Marduk der sumerischen und babylonischen, Isis und Osiris der ägyptischen, Zeus und Hera der griechischen, Odin und Frigga der germanischen und Shiva und Shakti der indischen Mythen.

Im archetypischen Bild des sich vereinigenden Paares bekundet sich das immanente Verlangen des Menschen nach Aufhebung der Gegensätze und Ganzheit. Die sich daraus ergebende Symbolik reicht von primitiv-magischen Handlungen bis zu den sublimsten Äusserungen der Mystik, in der irdische Liebe als Gleichnis für die Verbindung mit dem Göttlichen steht, wie etwa im Hohen Lied der Bibel oder in der Mystik der Sufis. Die in frühen Kulturen mit oft orgiastischen Ritualen vollzogene sogenannte «Heilige Hochzeit» (hieros gamos) wandelte sich in der Alchemie zur sinnbildlichen Vermählung von König und Königin und findet im christlichen Gleichnis von Bräutigam und Braut für Jesus und die Kirche ihre vergeistigte Entsprechung.

Die Unvergänglichkeit des Lebens beruht auf der Verbindung von Männlichem und Weiblichem. Ohne einen weitern Sinngehalt auszuschliessen, wird hier angenommen, dass *die Polarität dieser beiden Prinzipien in den Darstellungen der Eiszeitkunst im Zeichen der Wiedergeburt stand.* Der Totenkult wird im spätern Verlauf der Menschheitsgeschichte immer wieder durch erotische Symbolik den engen Zusammenhang zwischen Zeugung und Wiedergeburt sichtbar machen, teils durch erotische Szenen bei Begräbnisritualen, teils durch bildliche Darstellungen. Diese können auch verschlüsselt sein oder sich auf abstrakte Zeichen beschränken, wie es im Neolithikum häufig der Fall war.

In der etruskischen Kultur tritt besonders klar hervor, dass die Kunst ihren Ursprung im Totenkult hat. Der Jenseitsglaube lieferte den Antrieb zum Bau von Nekropolen, die grösser waren als die Städte der Lebenden. Die Gräber wurden den Wohnstätten nachgebildet, mit Hausrat ausgestattet und mit künstlerisch wertvollen Fresken geschmückt. Da sich auf diesen Wandmalereien erotische Szenen befinden, die scheinbar nur das gesellige Leben im Diesseits vergegenwärtigen, in Wirklichkeit aber einen tiefgründigen Symbolgehalt aufweisen, sollen sie hier eingehend besprochen werden.

Während in der «Tomba dei Tori» (Corneto) der Geschlechtsakt gezeigt wird, bedarf die in der «Tomba del Triclinio» (Tarquinia) abgebildete Szene einer Deutung (Abb. 64). Dargestellt ist ein Gelage, ein häufiges Thema der etruskischen Grabkunst, und wenn man den Symbolgehalt ausser acht liesse, könnte man annehmen, den Verstorbenen sollten die Freuden des Diesseits auch im Jenseits ermöglicht werden. Neben den drei auf Liegebetten, den sogenannten Klinen, sich lagernden Paaren und den dienenden Figuren sind noch ein Panther und ein Rebhuhnpaar zu sehen. Der Panther, Attribut des Dionysos, soll an den Gott erinnern, in dessen Mysterien Zeugung und Wiedergeburt den geheimen Kern bilden und in dessen Kult die hier abgebildeten Kränze und der Efeu eine Rolle spielen. Da Dionysos nach dem Mythos

Abb. 64   Wandmalerei in der Tomba del Triclinio, Replica (Tarquinia)

seine Mutter Semele aus der Unterwelt erlöst hat, wird er auch als Seelenführer verehrt. Die Rebhühner sind aufgrund ihres tänzerischen Balzrituals Aphrodite, der Göttin der Fruchtbarkeit und Liebe, geweiht, ebenso die Taube, welche das Giebelfeld ziert. Von der gesamten Szene sollte eine magische Wirkung ausgehen und den Toten zu ihrer Wiedergeburt und einer Weiterexistenz verholfen werden.

An einem Felsgrab im südlichen Etrurien, das BACHOFEN in seinem «Mutterrecht» erwähnt, beschränkt sich die Zeugungssymbolik auf die Wiedergabe der Geschlechtsorgane: Auf der linken Seite des Eingangs ist eine Vulva von einem Kreis umschlossen, rechts ein Phallus.

Eine Grabstele aus der Nekropole von Castelluccio auf Sizilien zeigt das Thema in abstrakter Form (Abb. 65).

Immer wieder begegnet man auf Grabbeigaben Darstellungen des Zeugungsaktes, so z. B. auf den Öllämpchen, die den Abgeschiedenen neues Licht ins finstere Totenreich bringen sollten.

83

Abb. 65   Stele aus der Frühbronzezeit (Castellucio, Sizilien)

Hier von Pornographie zu sprechen, ist sicher fehl am Platz und beruht auf der Unkenntnis der symbolischen Aussage.

Es würde zu weit führen, auch noch auf die zahlreichen Beispiele aus der Ethnologie einzugehen. Wenden wir uns nun der Eiszeitkunst zu.

Bis vor kurzem meinte man, dass der eigentliche Zeugungsvorgang in der *Eiszeitkunst* nicht dargestellt worden sei. Nun gibt es aber ein hochinteressantes Beispiel, welches erst in den letzten Jahren eine glaubwürdige Deutung erfahren hat (Abb. 66). In der Höhle von Enlène stiess bei Grabungen in den dreissiger Jahren dieses Jahrhunderts L. BÉGUËN auf eine Sandsteinplatte, auf der das vordere Bein eines Bisons und die unteren Hälften zweier Menschenfiguren eingraviert sind. BREUIL, dessen Meinung massgebend war, erkannte darin nur eine einzige Person und widerlegte damit die Vermutung, es könnte sich um einen Sexualakt handeln. Aber es sollte anders kommen: In den Jahren 1980 und 1983 fanden R. BÉGUËN, J. CLOTTES und Mitarbeiter drei Plattenfragmente, die genau zum ersten Stück passen und das Bild ergänzen. Der damit vervollständigte Bison ist sehr gekonnt ausgeführt und erinnert an die hochwertigen Bilder von Niaux. Die beiden Menschen in voller Gestalt lassen sich als Frau mit feinem Körperbau und langem Haar und als Mann von kräftiger Statur identifizieren. Die beiden Oberkörper stehen in einem gewissen Abstand voneinander, während die Unterleiber eng verbunden und – eventuell absichtlich – mit mehreren Linien überkritzelt sind. Die zusammengesetzte Steinplatte lässt mit grösster Wahr-

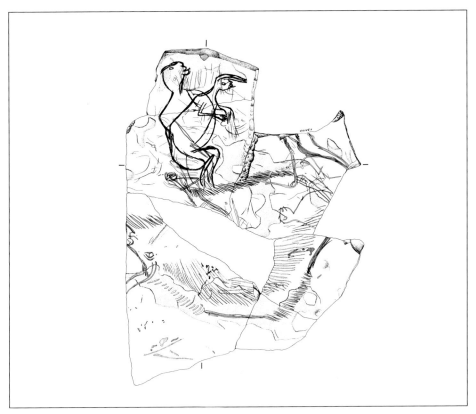

Abb. 66   Darstellung eines Geschlechtsakts (nach J. Clottes)

scheinlichkeit den Schluss zu, dass es sich bei der Darstellung um einen Zeugungsakt handelt.

Wir kennen die *Verbindung eines männlichen und eines weiblichen Zeichens* im «Pfeilherzen», dem Symbol der Liebe und der innigen Vereinigung. Es gehört zu den universellen Sinnbildern, die alle Zeiten überdauern und ohne weiteres begriffen werden, weil ihnen jeder die Aussage entnehmen kann, die ihm gemäss ist (Abb. 67). Die rundliche Gestalt des Herzens entspricht keineswegs den anatomischen Gegebenheiten, sondern erinnert vielmehr an weibliche Körperformen. Sie lässt sich einem auf der Spitze stehenden Dreieck einschreiben, einem weiblichen Zeichen, das in der indischen Ikonographie als «Yoni» bekannt ist und im «Lingam», dem aufrecht auf der Basis stehenden Dreieck, sein männliches Gegenstück findet.

Der Pfeil, aktiv und männlich geartet, trifft das empfangende

Abb. 67 Das Einhorn bohrt sein Horn in ein Herz. Skulptur von Salvador Dalì (Galleria Vittorio Emanuele, Milano)

Herz in die Mitte: «Die Verwundung ist das Prinzip der Liebe» hat PLUTARCH gesagt (Abb. 68). Dass der Pfeil die zeugende Kraft verkörpert, geht z. B. aus einem Mythos der Algonkin-Indianer hervor, wonach der Schöpfergott einen Pfeil in eine Esche schiesst und auf diese Weise den ersten Menschen erschafft.

Auch auf spiritueller Ebene behält das Pfeilherz seinen symbolischen Wert. Die Heilige Teresa von Avila wird in einer Vision vom goldenen Wurfpfeil eines Engels durchbohrt, erleidet den Schmerz der Verwundung und entbrennt fortan in Liebe zu Gott.

Wurfwaffen galten schon im Paläolithikum als Inbegriff des zeugenden Prinzips, was aus der Tatsache hervorgeht, dass Speere nur mit Motiven des männlichen Symbolkreises verziert sind, zu dem – wie wir später sehen werden – Pferde, Cerviden, Steinböcke, Nashörner und Fische gehören.

Damit gelangen wir zur *Eiszeitkunst*, in der die Kombination männlicher und weiblicher Zeichen denselben magischen Zweck erfüllte wie die Darstellung des Geschlechtsakts.

Paare männlicher und weiblicher Sexualsymbole findet man auf den ältesten Abbildungen der Menschheitsgeschichte, zu denen die naturalistisch wiedergegebenen Sexualorgane auf einem Steinblock aus dem Abri Castanet zählen (Abb. 69). Später

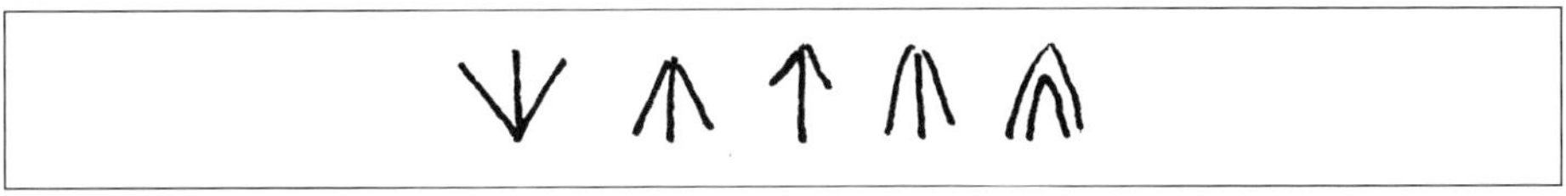

Abb. 68 Weibliche Wunden- oder Pfeilzeichen (nach Leroi-Gourhan)

Abb. 69 Sexualsymbole (Abri Castanet)

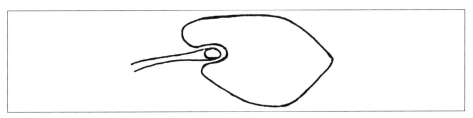

Abb. 70 Gravierung aus Gönnersdorf: Phallus und Vulva

zu datieren ist die nur einige Zentimeter grosse Ritzzeichnung von Penis und Vulva auf einer Schieferplatte aus dem deutschen Gönnersdorf (Abb. 70).

Weitaus häufiger sind aber die abstrakten Zeichen, welche in verschlüsselter Weise das Thema der Zeugung behandeln (Abb. 71 u. 72).

Oft genügen die Verbindung eines Hakenzeichens mit einem Vulva-Oval oder – in noch stärker reduzierter Form – ein Strich und eine angedeutete Ellipse, um dem Eingeweihten den magischen Sinngehalt kundzutun.

Die männliche Komponente wurde auch durch Punkte, die weibliche durch sogenannte Claviforme ersetzt, wozu wir ein Beispiel am Ende einer Galerie in Les Trois-Frères finden.

Als weitere Variation gibt es in El Castillo auf einer meterbreiten Bildfläche ein schwarzes, gefiedertes Hakenzeichen, das von glockenförmigen stilisierten Vulven in Rot umgeben ist. Hier drängt sich der Vergleich mit Formen der tibetanischen Symbolik auf, in der das männliche Element durch den Donnerkeil, das weibliche durch die Glocke verkörpert wird, und schliesslich gelangt man zum spirituellen Gleichnis von Kelch und Kerze im christlichen Messe-Ritual.

Eine andere Kombinationsmöglichkeit, Punkte neben gitterförmigen Abstraktionen der Vulva, ist ebenfalls in El Castillo zu sehen (Abb. 216 und 217, S. 214).

Die spanische Grotte La Meaza enthält eine einzige Bildtafel mit der Darstellung eines männlich-weiblichen Zeichenpaares; damit ist das Grundprinzip der eiszeitlichen Ikonographie wiedergegeben und ihrer symbolischen Aussag hinreichend entsprochen. In all diesen bislang unverständlich gebliebenen oder falsch gedeuteten Zeichen kann man – ausgehend von den Forschungsergebnissen LEROI-GOURHANS – die magische Absicht des Cro-Magnon-Menschen erkennen. Dass die Zeichen, Ideogramme oder Symbole, wie man sie auch immer nennen mag, von grösster Wichtigkeit waren und den gleichen Stellenwert besassen wie die bildlichen Darstellungen, geht schon aus ihrer Anzahl hervor: Sie werden nur noch von den Pferdebildern übertroffen.

Zum Abschluss möge ein «Fundstück» besonderer Art, die während eines Telefongesprächs gemachte Kritzelei einer Bureauangestellten, deutlich machen, dass auch der moderne Mensch sexuelle Inhalte durch Zeichen verschlüsselt! (Abb. 73).

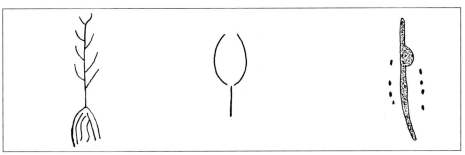

Abb. 71   Anhängerfragment-   Äusserste Abstraktion   Schwarz gemalte Zeichen
         Dekor (Mas d'Azil)   in Saint Marcel   (Les Trois-Frères)

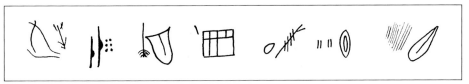

Abb. 72   Weitere Zeichenpaare (nach Leroi-Gourhan)

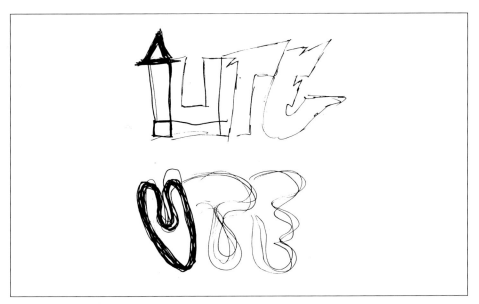

Abb. 73   Kritzeleien einer Büroangestellten

7. Der Symbolgehalt der Tiere und ihre Darstellung in der Eiszeitkunst

Die Stellvertretung bei der magischen Zeugung und Wiedergeburt

Im folgenden soll ausgeführt werden, wie der Paläolithiker aufgrund seiner engen Verbundenheit mit den Tieren ihre Kräfte in seine magischen Absichten einbezogen hat.

Obwohl die Tiere ein Fortleben nach dem Tod gewährleisten sollten, ist auch bei ihnen der eigentliche Zeugungsvorgang äusserst selten wiedergegeben. Die Vereinigung wird durch das Bild eines Paares, durch Andeutung von Brunstverhalten, durch Koppelung bestimmter Tierarten und Verwendung von Zeichen angezeigt. Die Sexualorgane fehlen meistens, da die Grösse der Statur, der Geweihe oder Hörner das Geschlecht der Tiere hinreichend erkennen lässt.

An der geschnitzten kleinen Skulptur eines Renpaars aus Bruniquel sind die Stangen am Geweih des hinteren Tiers bedeutend länger, woraus gefolgert werden kann, dass es sich um ein Männchen handelt, das einem Weibchen folgt.

Das gleiche gilt für eine künstlerisch hochwertige Felsmalerei der Höhle von Font-de-Gaume, auf der das lange, elegant gebogene Geweih den Renhirsch kennzeichnet (Abb. 74).

In der Grotte von Cougnac unterscheidet sich ebenfalls der Steinbock durch die Länge seiner Hörner von der Geiss.

Wir begnügen uns mit diesen Beispielen und befassen uns mit der verschlüsselten Wiedergabe eines Zeugungsaktes (Abb. 75) auf einer sogenannten Speerschleuder. Diese Geräte wurden aus Geweihsprossen hergestellt, die am einen Ende mit einem Widerhaken, am andern mit einer ovalen Durchbohrung versehen wurden. Vergleiche mit Objekten von Naturvölkern lassen darauf schliessen, dass sie der Verbesserung der Wurfweite und Zielsicherheit dienten. Soweit sie künstlerisch verziert waren, brauchte man sie wohl eher zu kultischen Zwecken. Eine solche Schleuder wurde 1937 im Mas d'Azil gefunden. Das Kopfstück

Abb. 74   Rentierpaar auf Felsmalerei (Font-de-Gaume)

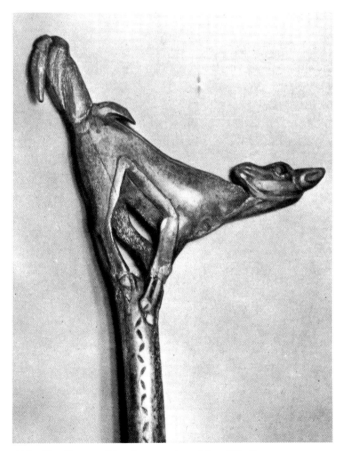

Abb. 75   Speerschleuder aus dem Mas d'Azil

zeigt in ausserordentlich schöner Schnitzarbeit ein junges Tier, Gemse oder Steingeiss, das den Kopf nach hinten wendet. Aus seinem Hinterteil ragt unter dem zurückgelegten Schwanz ein walzenförmiges Gebilde nach oben, auf dem zwei kleine, sich schnäbelnde Vögel sitzen.

Zu diesem Kunstwerk sind seltsame Kommentare abgegeben worden: J. MARINGER schreibt: «Das Tier wendet den Kopf, die Ohren hochgestellt und schaut über seinen Rücken hinweg. Was der Künstler dort darstellt, ist tatsächlich seltsam und originell, derb und zugleich voll feinen Humors. Unter dem nach oben umgelegten Schwanz stösst das Tier wurstartig seine Exkremente aus. Wem aber seine besondere Aufmerksamkeit gilt, das sind zwei Vögel, die am Ende aufsitzen und einander die Schnäbel wetzen.»

Laut G. CHARRIÈRE haben junge Böcklein, Hirschkälber und Zicklein Probleme mit der Darmentleerung und messen, wie die Kleinkinder, ihren Exkrementen eine wichtige Bedeutung bei.

Auch LEROI-GOURHAN übernimmt im grossen und ganzen diese Interpretationen, räumt aber ein, dass die Eiszeitkunst sonst keine Darstellungen dieser Art aufweist.

Noch im Jahr 1982 hält J. WYMER daran fest, dass es sich bei dem kleinen Kunstwerk um einen paläolithischen Witz handle.

Es wird hier so genau auf diese Deutungen eingegangen, um zu zeigen, welch grosse Rolle die Voreingenommenheit spielen kann. Eigentlich hätte man doch wissen müssen, wie die Exkremente der Capriden aussehen: Sie werden in der Form mehrerer kleiner Kugeln ausgeschieden. Hätte sich der Eiszeitjäger eine solche Ungenauigkeit in der Wiedergabe eines Tieres erlaubt, das ihm als Beute bestens bekannt war? R. ROBERT, der in der Höhle von Bédeilhac ein ähnliches Objekt ausgegraben hat, wies schon 1953 in einer Publikation auf diese Ungereimtheit hin, ohne aber eine plausible Erklärung anzubieten.

Für H.-G. BANDI handelt es sich bei der dargestellten Szene um einen Geburtsvorgang. Er hat bei einem nahezu identischen, allerdings stark beschädigten Stück aus der Grotte von Arudy festgestellt, dass die zylindrische Masse nicht im Anus, sondern in der Vulva des jungen Tieres steckt.

Diese Tatsache lässt aber auch auf einen Zeugungsakt schliessen. Das jugendliche Alter des Tieres spricht nicht dagegen, da die Capriden bereits im zweiten Lebensjahr fortpflanzungsfähig sein

Abb. 76 Felsbild bei Brastad, Schweden (nach M. König)

können. Das Fehlen der Hörner ist wahrscheinlich auf herstellungstechnische Gründe zurückzuführen.

Die Vögel auf dem Phallus haben wie ihre Artgenossen einen wichtigen Stellenwert in der Zeugungs- und Fruchtbarkeitssymbolik. Für die den Vögeln zuerkannte Rolle als Förderer der Potenz finden wir einen deutlichen Beweis auf einem schwedischen Felsbild, wo unmittelbar neben dem Phallus einer menschlichen Figur ein Vogel steht (Abb. 76). Am Rande sei noch auf gewisse Ausdrücke im Sex-Jargon verwiesen.

Zu den Seltenheiten zählt eine im Jahr 1912 entdeckte Lehmplastik zweier Bisons. Sie wurde vor ca. 14 000 Jahren von den Magdalenien-Künstlern in der Höhle Tuc d'Audoubert geschaffen, über 600 m vom Tageslicht entfernt und nur nach einer schwierigen Passage durch enge Gänge zu erreichen. Wiedergegeben ist der Deckakt, oder besser gesagt die Vorbereitung dazu: Die Kuh stemmt mit gestrecktem Hals ihre Vorderbeine gegen den Boden, um das Gewicht des Bullen aufnehmen zu können, dieser ist zum Bespringen bereit. An den Wänden der Höhle stösst man auf mehrere Phallusdarstellungen. Auf ganz besondere Weise fühlt man sich beim Anblick der vielen, im lehmigen Boden erhalten gebliebenen Abdrücke menschlicher Füsse in die Tiefe der Jahre zurückversetzt. Offenbar wurde in diesem Kultraum durch rituelle Handlungen die magische Kraft der dargestellten Tiere beschworen (Abb. 77).

Weitaus häufiger als Paare der gleichen Gattung sind Kombinationen verschiedener Tierarten.

Wie schon erwähnt, ist es das Verdienst LEROI-GOURHANS, in der Ikonographie der Eiszeitkunst den Stellenwert der Tiere, ihr Auftreten in bestimmten Vergesellschaftungen und in festgelegten Teilen der Höhlen erkannt zu haben. In 66 Höhlen und Abris hat er statistisch erfasst, dass Pferd und Bovide (Bison oder Urrind) weitaus am häufigsten dargestellt sind und das zentrale

Abb. 77 Skulptur eines Bisonpaars (Tuc d'Audoubert)

Thema bilden. Dazu kommt als drittes Element die Zuordnung von Steinbock, Hirsch und Mammut, oft in kleinerem Massstab; Bären, Raubkatzen und Nashörner treten hauptsächlich in den abgelegenen Teilen des Höhlensystems auf. Im allgemeinen ist der Künstler der Eiszeit von einer vorherrschenden ikonographischen Anschauung ausgegangen, wird aber bei der Darstellung des mythischen «Gedankenguts» eine gewisse Freiheit gehabt haben und durch regionale Tradition beeinflusst worden sein.

Für LEROI-GOURHAN verkörpern die Pferde das männliche, die Boviden das weibliche Prinzip. Diese Annahme wird durch einen Bericht aus BACHOFENS Mutterrecht unterstützt, wonach die Ehe zwischen König und Königin durch ein Gespann symbolisiert wird: Das Pferd steht für die männliche Kraft, das Rind für das tellurische weibliche Prinzip. Ähnliches sagt JEAN-PAUL ROUX über die Altai-Völker: In ihrer Mythologie entspricht der Hierogamie zwischen Himmel und Erde die Vereinigung eines weissen Pferdes und eines grauen Rindes.

Wenn die Wiedergeburtsmagie stellvertretend durch Tiere vollzogen werden sollte, stellt sich zuerst einmal die Frage, mit wem der Tote identifiziert wurde. Bei der Annahme, dass es sich vorwiegend um männliche Verstorbene von einem gewichtigen Rang gehandelt hat, müsste auch das ihn repräsentierende Tier – gewissermassen als «alter ego» – in symbolischer Anschauung männlichen Geschlechts gewesen sein. Dies würde bei der Interpretation von LEROI-GOURHAN für das Pferd zutreffen.

Die Statistik desselben Autors zeigt, dass die Darstellungen von Pferden sowohl in der Kleinkunst als auch, in ganz hohem Mass, in der Parietalkunst diejenigen anderer Tiere bei weitem übertreffen.

Pferd

Im Jungpaläolithikum haben wir es mit dem Urwildpferd (equus przewalskii) zu tun, von dem unsere Hauspferderassen abstammen. Bis in geschichtliche Zeiten lebte es, zusammen mit den ihm ähnlichen Tarpanen, in den Steppen und Wäldern Eurasiens. 1879 wurde das Przewalski-Pferd von einem russischen Forscher, nach dem es benannt ist, in der Mongolei entdeckt. Weiterzüchtungen der Rasse gelangen in Europa. Zu ihren besonderen Merkmalen gehören die relativ kleine Statur, ein grosser Kopf mit geradem Profil, helle Farbe und eine kurze, dunkle, fast aufrechtstehende Mähne.

Die Frage, ob das Pferd von den Eiszeitjägern gezähmt wurde, verneinen die meisten Prähistoriker. Aber schon Ende des letzten Jahrhunderts wiesen einige Autoren, vor allem ED. PIETTE, darauf hin, dass gewisse anatomische Befunde an Pferdezähnen und ganz besonders Darstellungen auf Zeichnungen eine sogenannte Semi-Domestikation als möglich erscheinen lassen, eine Hypothese, die von P.G. BAHN (1978) in überzeugender Weise vertreten wird. So können gewisse Linien auf den Gravierungen von Marsoulas und La Manche sowie am Pferdekopf aus Arudy ohne weiteres als Halfter angesehen werden (Abb. 78). Da die Eiszeitkunst keine Darstellungen des täglichen Lebens aufweist, wird diese Streitfrage kaum gelöst werden.

Die Symbolik des Pferdes ist vielschichtig: Sie hat sich vom Archaisch-Lunaren bis zum Solaren entfaltet und schliesst

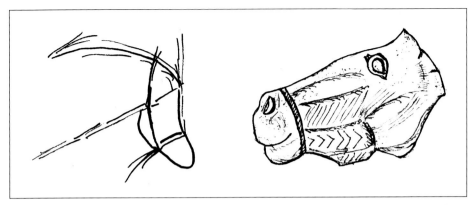

Abb. 78　Gravierung eines Pferdekopfes　　Pferdekopf aus dem Zungenbein eines
　　　　　(Marsoulas)　　　　　　　　　　Pferdes ausgeschnitten (Arudy)

sowohl das Dunkel der Unterwelt als auch das Licht des Himmels und des Lebens ein. Der Archetypus des Pferdes manifestiert sich seit der Altsteinzeit in allen Kulturen.

Sein solarer Aspekt betrifft vor allem die Pferde, welche den Sonnenwagen ziehen und deren Mähnen an Strahlen erinnern; im Gegensatz dazu sind Ochsen vor den Mondwagen gespannt, wobei die Fahrt den Lauf der Gestirne wiedergibt. In der Apokalypse des Johannes erscheint der Herr der himmlischen Heerscharen auf einem weissen Pferd, Mohammed soll bei seiner Wiederkunft einen Schimmel reiten, und Buddha wird ebenfalls auf einem solchen dargestellt oder gar durch ihn personifiziert.

In seiner negativen Rolle erscheint das Pferd, unheilverkündend und todbringend, meistens schwarz, seltener hell wie das fahle Pferd des Todes in der Apokalypse oder das gespenstische des Schimmelreiters.

Hier geht es vor allem um seinen Symbolwert im Totenkult. Als Psychopompos führt und trägt es die Abgeschiedenen vom Totenreich ins Jenseits und gilt darüber hinaus als deren Personifikation oder Heroisierung.

Es folgt eine kleine Auswahl der zahlreichen Kunstwerke aus der Antike, die sich mit der Beziehung des Pferdes zu Tod und Wiedergeburt befassen.

Auf einem mykenischen Krater (Mischgefäss für Wein und Wasser) im Museum von Nikosia symbolisiert ein Oktopus die alles verschlingende Unterwelt, während daneben ein mit Pferden bespannter Wagen für die Fahrt ins ewige Leben bereitsteht.

Die Etrusker, die uns so viele aufschlussreiche Zeugnisse ihres Totenkults hinterlassen haben, stellten vier Arten der Jenseitsreise dar: zu Fuss, zu Pferd, mit dem Wagen und mit dem Schiff. Auf ihren reichgeschmückten Sarkophagen bildeten sie Reiter, Pferdegespanne, Schiffe und Meeresgetier ab. Eine etruskische Aschenurne zeigt auf der Schmalseite ein kräftig ausschreitendes Pferd, darüber zwei stilisierte Delphine, die ebenfalls zum Geleit des Toten eingesetzt sind. Zu ihren Symbolfiguren zählen ferner die Hippokampen (Abb. 79), fischschwänzige Pferde, welche die Toten durch das Wasser tragen sollten. Ob der moderne Tourist noch um ihren geheimen Sinn weiss, wenn er sie als Zierat an venezianischen Gondeln erblickt?

In den Symbolkreis des Pferdes gehören die Kentauren (Abb. 80), die auch mit dem Totenkult in Verbindung stehen. Der griechischen Mythologie zufolge lebten sie – halb Mensch, halb Pferd – in wilden Scharen im Gebirge und entführten junge Frauen. Auf romanischen Kapitellen verkörpern sie niedrige Instinkte, auch dort manchmal mit geraubten Frauen dargestellt (Kathedrale von Chur). Ihr Ruf als Frauenräuber geht auf die atavistische Vorstellung zurück, dass die Toten sich eine Partnerin aus der Welt der Lebenden holen.

Neben den Etruskern sind vor allem die Kelten berühmt für ihre symbolträchtige Kunst. Ihre Göttin Epona trat in Gestalt einer Stute auf, später als Reiterin mit einem Füllhorn und als Totenbegleiterin, wie sie auf Grabstelen zu sehen ist (Agassac).

In den keltisch-ligurischen Heiligtümern der Provence ist der Übergang ins Jenseits als «Totenritt» wiedergegeben, und die Pferde-Menhire der Bretagne bezeugen den hohen Stellenwert des Pferdes im Glauben der Kelten ebenso deutlich wie die zahlreichen mythischen Darstellungen von Pferden und Reitern auf ihren Münzen. Geprägte Bilder von Pferden mit menschlichen Köpfen, die oft stark stilisiert und von weiblichen, männlichen, astralen und Todessymbolen umgeben sind, legen die Vermutung nahe, dass die Kelten sich in ihrem Wunsch nach Unsterblichkeit mit dem Pferd identifiziert haben (Abb. 81).

Im asiatischen Kulturbereich lassen die sogenannten «Himmelspferde» (tianma) der Chinesen die Rolle des Pferdes als Psychopompos erkennen. Sie wurden von den Kaisern der Frühen Han-Dynastie (2.-1. Jh. v. Chr.) aus Zentral- und Vorderasien ein-

Abb. 79   Etruskische Bronzefigur eines Hippocampen (Museo Guarnacci, Volterra)

Abb. 80   Kentaur entführt eine Frau (Kirchenfeldbrücke, Bern)

Abb. 81   Pferd mit menschlichem Kopf auf keltischer Münze (ca. 100 v. Chr.)

Abb. 82   Pferdestatue vor einem Grabhügel der Han-Zeit

geführt und sollten die zu Unsterblichkeit gelangten Toten in die Gefilde der Seligen tragen (Abb. 82).

Folklore und Ethnologie bieten reichlich Stoff zum vorliegenden Thema. In Ost-Europa ziehen während der zwölf unheilvollen Nächte zwischen Weihnacht und dem Drei-Königs-Tag als Pferde maskierte Männer umher. Nach G. DUMÉZIL verkörpern sie die ihren Gräbern entstiegenen Toten, welche junge Frauen verfolgen und entführen. Viele Sagen handeln vom «Wilden Heer», in dem die Verstorbenen, von einem Reiter angetrieben, durch die Nacht rasen. In ländlichen Gegenden stellt man den armen Seelen heute noch Nahrung bereit und horcht mit Grauen in die Dunkelheit hinaus. Wer denkt da nicht an Odin, der auf seinem achtbeinigen Totenross Sleipnir in stürmischer Jagd die gefallenen Helden anführt?

Pferdetänze sind bei Totenfeiern weit verbreitet. Die Batak, Ureinwohner Sumatras, welche einem Götterglauben mit Geister- und Ahnenverehrung huldigen, tanzen auf Steckenpferden um die Gräber und geben den Toten hölzerne Pferdefiguren mit. Diese ersetzen lebende Opfertiere (C. NIESSEN).

Seit der Prähistorie wurden Pferde geopfert und – häufig samt Wagen – mit den Toten bestattet. Neben zwölf trojanischen Gefangenen opferte Achilles für seinen gefallenen Freund Patroclus vier Pferde auf dem Scheiterhaufen. Y. LYSSNER berichtet von 360 getöteten Pferden, die im Kuban-Gebiet in einem Kurgan, einem Grabhügel der Skythen, gefunden wurden. Da Pferdeopfer in Skandinavien eine wichtige Rolle spielten, verbot man bei der Christianisierung den Genuss von Pferdefleisch. In heidnischer Zeit hatte die Sitte bestanden, nach der Opferung das Fleisch zu essen und das Blut in den Häusern zu verstreichen.

Diese willkürlich gewählten Beispiele aus dem Symbolkreis des Pferdes sollen zeigen, mit welcher Beharrlichkeit sich archetypische Bilder seit Jahrtausenden erhalten haben. Wenn wir diese bis zu ihren Wurzeln zurückverfolgen, gelangen wir zu den Glaubensvorstellungen der Eiszeitmenschen und zu ihrer Kunst.

Bei der Deutung paläolithischer Symbole wird man sich an die archaische Auffassung halten müssen, weshalb hier der lunare Aspekt Vorrang hat. Während bei den Boviden die Assoziation Hörner-Mond leicht nachzuvollziehen ist, bietet das Pferd grössere Schwierigkeiten. Versucht man aber, sich das Analogiedenken zueigen zu machen, wird man auf den Fussabdruck des Tieres aufmerksam: Das Pferd tritt nur mit der kräftigen dritten Zehe auf, die ganz vom Huf, dem Nagel, umhüllt ist. Das dabei entstehende Trittsiegel entspricht ungefähr dem Bild des Mondes. Seit die Pferde beschlagen werden, ist die mondsymbolische Bedeutung auf die Hufeisen übergegangen.

Man kann nur vermuten, welche Eigenschaften des Pferdes den Menschen der Eiszeit so beeindruckt haben, dass er sich mit ihm identifizierte. Sicher zählten seine Schnelligkeit und Kraft dazu, vielleicht auch das auffällige Sexualverhalten der Hengste. Als Jäger auf das Fährtenlesen angewiesen, muss ihm die mondförmige Hufspur aufgefallen sein und einen untergründigen Bezug zum wechselnden Nachtgestirn, zu Tod und Erneuerung, geschaffen haben. So gelangte das Pferd zu seiner dominierenden Rolle im Totenkult als magischer Repräsentant des Verstorbenen, was seine zahlenmässige Überlegenheit unter den Symboltieren erklärt.

Die ersten Bilder der Menschheit (Abb. 83) sind in kleinere und grössere Steinplatten und Knochenstücke eingeritzt. Auf einer Zeichnung aus dem Abri Cellier finden wir bereits im Aurignacien das Hauptthema der *Eiszeitkunst,* die magische Verbindung männlicher und weiblicher Komponenten, angedeutet: Von einem pferdeähnlichen Tier sind Kopf und Hals wiedergegeben, den letzteren teilweise überdeckend eine Vulva und kleine Striche. Das Pferd, als Sinnbild der Stärke und Zeugungskraft verstanden, vertritt den Toten; die Vulva, Essenz des Weiblichen, bezeichnet die Frau, welche die Wiedergeburt vollziehen soll; die männlichen Strichzeichen bilden die magische Ergänzung.

Dieselben Vorstellungen bezeugen Bilder aus dem Magdalenien: ein Pferd, dessen Bauchlinie von einer Vulva überschnitten wird, in Les Combarelles, die Gegenüberstellung eines Pferdes und mehrerer Frauenfiguren auf einer Kalkplatte in Hohlenstein und, weit davon entfernt, das gleiche Thema in Schischkino. Wenn in Südwest-Frankreich, Süd-Deutschland und Sibirien in der darstellenden Kunst der Eiszeit dieselben Motive auftreten, so sind sie bildliche Ausformungen von Archetypen, und es erübrigt sich die Frage, ob zwischen den einzelnen Menschengruppen Verbindungen bestanden hätten.

Im Zürcher Landesmuseum ist an einem Lochstab die ver-

Abb. 83　Gravierung auf Steinplatte　　gleiches Motiv in
　　　　 Abri Cellier　　　　　　　　　　Les Combarelles

schlüsselte Wiedergabe des Themas abzulesen. Es ist mit Pferden verziert, und während das eine Ende als Phallus gebildet ist, liefert das rautenförmige Loch, eine Abstraktion der Vulva, die weibliche Entsprechung.

Ein aufschlussreiches Stück wird von C. CLOTTES und Mitarbeitern beschrieben; es geht um einen Stab, der im Mas d'Azil gefunden wurde. Leider hat ihn sein Entdecker mit der Hacke schwer beschädigt und dann zusammengeklebt. Reliefartig ist darauf der Kopf eines wiehernden Pferdes abgebildet. Im Zusammenhang mit der Hypothese, dass der Tote zu seiner leiblichen Wiedergeburt der Zeugung bedarf, ist aber vor allem eines hervorzuheben: Das unversehrte Ende des Stabes stellt den anatomisch einwandfreien Penis des Tiers dar (Abb. 84). Diese Tatsache bestätigt in überzeugender Weise die Einordnung des Pferdes unter die männlichen Symbolträger! Ein weiteres Beispiel dieser Art ist im Museum von Santander zu sehen.

Die magische Rolle des Pferdepenis findet ihre Fortsetzung in den Riten der Wikinger. J. BRØNDSTED berichtet, dass entsprechende primitive Kulte bis zur Christianisierung bei norwegischen Bauern lebendig geblieben sind.

Dass für den Paläolithiker ein noch so kleiner Teil die magische Wirkung des ganzen Tiers vermitteln konnte, beweisen zwei Pferdezähne: Der erste zeigt als Schnitzarbeit einen weiblichen Kopf, während aus der Wurzel des zweiten der Oberkörper einer Frau gestaltet wurde.

Die bis hier aufgezählten Beispiele aus der Kleinkunst interessieren vor allem durch ihre symbolische Aussage, andere erregen

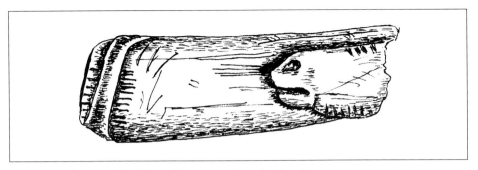

Abb. 84 Pferdekopf auf dem Fragment eines Lochstabs
Mas d'Azil (nach CH. Servelle)

ihres hohen künstlerischen Wertes wegen unsere Bewunderung. Zu den schönsten Skulpturen gehört eine Speerschleuder, der als reinem Kultobjekt ein Haken zum Anlegen des Speers fehlt. Sie wurde in Bruniquel entdeckt und stellt ein Pferd mit fein gravierter Fellzeichnung im Ansprung nach oben dar (siehe hinten Abb. 219, S. 215).

Unter den zahlreichen Fundstücken des Mas d'Azil befindet sich das reizende, nur 5,5 cm grosse Köpfchen eines wiehernden Pferdes aus Rengeweih (Abb. 85).

Neben Knochen- und Geweihstücken wurde auch Elfenbein für die Herstellung mobiler Kunstwerke verwendet: Eine kleine Pferdeskulptur (Abb. 86) aus Espélugues zeichnet sich durch die feine Bearbeitung der Oberfläche aus, ist aber leider beschädigt, bei einer weitern aus der Vogelberg-Höhle soll der stark gebogene Hals die Imponierhaltung der Hengste wiedergeben (siehe Abb. 7, S. 21).

Auch in der Parietalkunst fällt es schwer, eine Auswahl unter den unzähligen Pferdedarstellungen zu treffen. Aus ästhetischen Erwägungen seien zuerst die Malereien in der Höhle von Ekain genannt, wo die auf zwei grossen Bildfeldern gemalten Pferde von den künstlerischen Fähigkeiten der Eiszeitjäger Zeugnis ablegen (Abb. 87). Im sogenannten «Salon Noir» der Pyrenäengrotte von Niaux, die ein unterirdisches System von einigen Kilometern Länge mit zahlreichen Seitengalerien, Engpässen und Gewässern bildet, gibt es mehrere Pferdebilder. Sie sind mit schwarzer Manganerde auf die Kalkwände gemalt und fallen durch die naturalistische Wiedergabe mit reliefgebenden Schraffuren und sorgfälti-

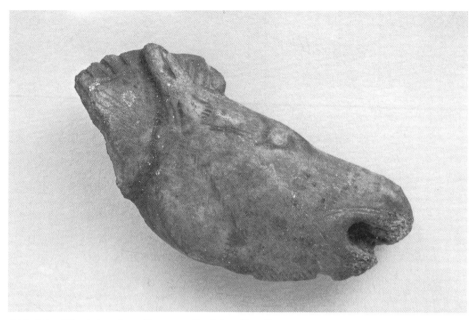

Abb. 85 Pferdekopf aus Rengeweih (Mas d'Azil)

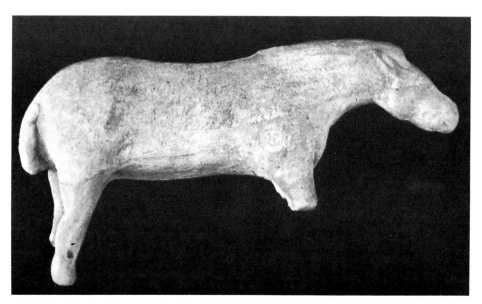

Abb. 86 Pferdeskulptur aus Elfenbein (Espélugues)

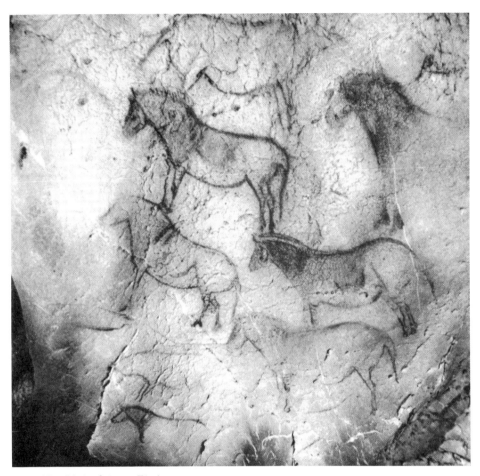

Abb. 87 Bildtafel von Ekain

ger Zeichnung der kurzen Mähnen auf. Eines der Tiere trägt auf seiner Vorderflanke ein Hakenzeichen (Abb. 88).

Die Höhle von Lascaux enthält weit über hundert Pferdedarstellungen. Gezeigt sei hier ein polychrom in Beige, Braun und Schwarz gemaltes Exemplar (siehe hinten Abb. 220, S. 216), das sich im Passgang vorwärtsbewegt. Als weibliche Ergänzung sind über der Mähne ein quadriertes Feld, vor dem Kopf ein Klammerzeichen und links hinten ein clariformes Zeichen angebracht.

Einem Pferd mit auffallend kleinem Kopf, dem Kennzeichen tarpanähnlicher Rassen, begegnet man in der kantabrischen

Abb. 88   Pferd im «Salon Noir» von Niaux

Abb. 89   Pferdebild in Las Monedas

Grotte Las Monedas; das Kunstwerk besticht vor allem durch die klare Linienführung (Abb. 89). Ein nur noch schwer erkennbarer Bison, ein Ren und die Fragmente zweier Steinböcke vervollständigen das Bild.

Bison

LEROI-GOURHAN kam nach der Auswertung von 1800 Darstellungen der Eiszeitkunst zum Schluss, dass zahlenmässig der Bison auf das Pferd folgt. Er hat dabei, vom Thema ausgehend, das Vorkommen eines einzelnen Tieres gleich bewertet wie eine Gruppe derselben Gattung.

Beim Bison der Eiszeit handelt es sich genau genommen um den Wisent (Bison bonasus), der wie der Auerochse oder Ur zu den europäischen Wildrindern zählt. Beide Arten sind ausgestorben. Als die eiszeitlichen Tundren durch Wälder abgelöst wurden, entwickelte sich eine den neuen Vegetationsverhältnissen angepasste Form des Wisents, das zuletzt noch in polnischen Wäldern lebte, aber im Ersten Weltkrieg verschwand. Neuzüchtungen aus zoologischen Gärten sind heute wieder zu sehen.

Da die eiszeitlichen Boviden ausgestorben sind, lässt sich ihr Symbolgehalt nicht ohne weiteres in spätere Zeiten hinein verfolgen. Man kann aber auf gewisse Parallelen zur Stier- und Kuhsymbolik hinweisen.

Tiere, deren Hörner an die Sichel des zu- und abnehmenden Mondes erinnern, gehören in erster Linie zu den lunaren Symbolträgern. So wird der Stier durch die mythische Denkweise mit dem Nachtgestirn assoziiert und übernimmt dessen sinnbildliche Eigenschaften, die Verkörperung von Fruchtbarkeit, zyklischer Erneuerung und des ewigen Wechsels von Leben und Tod. Abweichend von diesen lunaren Merkmalen und solar-männlich geprägt, gilt der Stier auch als Inbegriff der Zeugungs- und Schöpferkraft und im negativen Aspekt als Zerstörer.

Nach F. WEINREB ist «Alef», der erste Buchstabe des hebräischen Alphabets, welcher «Stierhaupt» bedeutet, zugleich das Symbol des wachsenden Mondes. Im alten Ägypten, wo Stierkulte weit verbreitet waren, bezeichnet die Stierkopfglyphe die Begriffe «Fruchtbarkeit» und «Zeugung».

Heilige Rinder genossen Jahrtausende lang in den verschiedensten Kulturen göttliche Verehrung. Bei Ausgrabungen im anatolischen Çatal Hüjük, einer der ältesten stadtähnlichen Siedlungen der Welt, stiess man auf modellierte Stierköpfe mit zum Teil echten Hörnern, die in die Zeit von 8000 v. Chr. zu datieren sind.

Unter den heiligen Stieren Ägyptens kam dem Apis (Abb. 90) eine besondere Bedeutung zu. In Memphis wurde er im Heiligtum des Gottes Ptah leibhaftig gehalten und nach dem Tod einbalsamiert. Ursprünglich ein Fruchtbarkeitssymbol, sah man später in ihm eine Inkarnation des Osiris und verehrte ihn als Totengott. Auf Särgen der Spätzeit ist abgebildet, wie er die Mumien zu Grabe trägt. Auch die Kuh hatte ihren Platz im ägyptischen Totenkult: Bei Begräbnissen legte man die Bahre auf ein Bett in Kuhgestalt. In den Osiris-Mysterien wurde dessen Leichnam in einem kuhförmigen Sarg beigesetzt, um seine Neugeburt durch die «Himmelskuh» symbolisch wiederzugeben. Nicht vergessen sei, dass die kuhköpfige Hathor in Theben als Totengöttin die Abgeschiedenen in «ihr Gefolge aufnahm» und sie vor Gefahren beschützte.

Wie schwierig es war, den jüdischen Monotheismus gegen den Götzenglauben der umliegenden Völker abzugrenzen und wie gerade der archaische Stierkult eine besondere Faszination ausübte, lesen wir im biblischen Bericht über den «Tanz ums Goldene Kalb».

Als den Erneuerer der Natur und Überwinder des Todes feierten im alten Griechenland die orphischen Mysterien den Gott Dionysos. In einer Verwandlung als Stier soll er von den Titanen zerstückelt und in schauerlichem Mahl gegessen worden sein. Da sein Herz dem traurigen Schicksal entging, gelang mit Hilfe seines Vaters Zeus seine Wiederherstellung und Neugeburt.

Wenn hier das Mondgehörn des Stiers eine Rolle spielt, so ist in einem anderen Mythos eine Kuh die Protagonistin. Zeus, der zum Verdruss seiner eifersüchtigen Gemahlin Hera immer wieder in Liebe zu andern Frauen entbrannte, begehrte die schöne Io. Um sie vor dem Zorn Heras zu schützen, verwandelte er sie in eine weisse Kuh, während Hera ihrerseits die arme Io mit einer Stechfliege durch viele Länder jagte, bis endlich in Ägypten die beiden Liebenden zusammenfanden. Die Gestalt der Io als

Abb. 90   Apisstier als Totenbahre (Ethnographisches Museum, Neuenburg)

Abb. 91   Io, die Mondkuh (Terracotta aus einem Grab von Agrigentum)
(nach Bachofen)

Abb. 92 Bison auf Speerschleuder (La Madeleine)

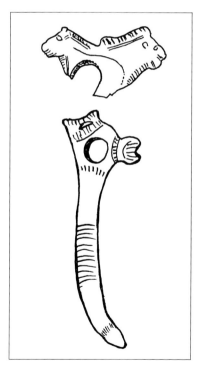

Abb. 93 Schematisierung von Bisonköpfen (nach Leroi-Gourhan)

Mondkuh gelangte in die Gräbersymbolik, wie eine Terrakotta aus einem Grab in Agrigent zeigt. BACHOFEN, der ein Bild dieser Figur in sein Werk über das Mutterrecht aufgenommen hat, schreibt dazu mit Recht, dass «der Zusammenhang der Grabdarstellungen mit dem Grabgedanken» nicht ausser acht gelassen werden darf. Der bildliche Grabschmuck spiegelt die Vorstellungen von Tod und Jenseitshoffnung und sollte mit Rücksicht auf diesen Bezug gedeutet werden (Abb. 91).

Im Zentrum des mystischen Mithraskults, den die römischen Armeen in den Westen brachten, stand das Stieropfer. Es wurde im Glauben vollzogen, dass sich durch das Blut des getöteten Tiers göttliche Kräfte zum Kampf gegen die Finsternis und das Böse auf den Menschen übertragen liessen.

Wir beschränken uns hier auf diese wenigen Beispiele aus der Antike zum Kult von Kuh oder Stier, der bis zum heutigen Tag als archaisches Erbe in den Corridas zelebriert wird, und wenden uns der *Eiszeitkunst* zu.

Mit wenigen Ausnahmen kommen Bisonbilder in allen Höhlen, und zwar in deren zentralen Teilen vor. In 64 % der Darstellungen tritt der Bison mit dem Pferd als dessen weibliche Ergänzung auf. Er bildet auch ein wichtiges Thema der Kleinkunst.

Ein schönes Beispiel bietet das Fragment eines Lochstabs aus Isturitz, auf dem in Halbrelief der Kopf eines Bisons mit feingeschwungenem Horn und äusserst lebendig wirkendem Auge zu sehen ist (Abb. 221, S. 217). Man kann nur staunen, mit welcher Genauigkeit die Magdalenienkünstler das harte Material des Rengeweihs bearbeitet haben. Der Bisonkopf kann auf Lochstäben stark stilisiert und auf die vereinfachte Wiedergabe von Hörnern und Mähne reduziert sein. Ein solches Objekt stammt aus Laugerie-Basse; es weist ausserdem ein phallusförmig gebildetes Ende auf, was bei vielen Geräten dieser Art der Fall ist und auf ihren bereits besprochenen Symbolgehalt hindeutet (Abb. 93).

Bei der Herstellung von Speerschleudern musste Rücksicht auf die Beschaffenheit des Rengeweihs genommen werden; so ist bei einem Bison aus La Madeleine der zurückgewendete Kopf in die Flanke eingezeichnet und das Tier mit herausgestreckter Zunge als sich leckend dargestellt (Abb. 92).

Eine Gravierung auf einem Rippenfragment aus Isturitz verdeutlicht den symbolischen Bezug zwischen Bison und Frau in der Wiedergeburtsmagie: Auf der einen Seite sind zwei Bisons, auf der anderen zwei mit Hals-, Arm- und Fussbändern geschmückte Menschen abgebildet. Da leider grössere Teile der Figuren fehlen, kann von den letzteren nur die eine mit Sicherheit als Frau identifiziert werden. Sowohl Bison wie Frau sind mit einem pfeilartigen Zeichen versehen. Erste Ansätze zum Pfeilherzen? (Abb. 94)

Auf einem Steinplättchen, welches im Abri Murat gefunden wurde, erkennt man – allerdings mit einiger Phantasie – eine weibliche Gestalt mit Bisonhörnern, auch dies ein Hinweis auf die Gleichsetzung von Bison und Frau. Zum selben Thema sei

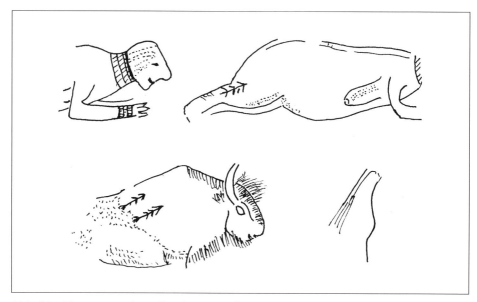

Abb. 94   Fragmente einer Gravierung auf Knochen (Isturitz)

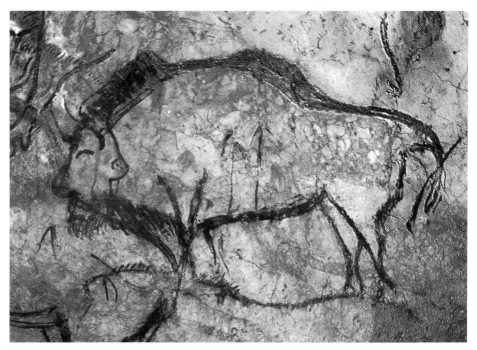

Abb. 95   Verwundeter Bison, darunter die Rückenlinie eines Pferdes (Salon Noir von Niaux)

noch die auf Seite 59 beschriebene «Venus von Laussel» mit dem Bisonhorn, welches übrigens dem Horn eines weiblichen Tiers entsprechen soll, in Erinnerung gerufen (Abb. 214, Seite 213).

Auf den Wandmalereien der Höhle von Niaux tragen mehrere Bisons Pfeilzeichen auf den Flanken. Die Verwundung dieser Tiere lieferte den Vertretern der Jagdmagie-Theorie ein wichtiges Argument. Dabei konnte aber nicht erklärt werden, weshalb dann – verglichen mit der Gesamtzahl der Darstellungen – nur ein kleiner Anteil aller Tiere unter diese Kategorie fiel. Es handelt sich bei der Verwundung vielmehr um die verschlüsselte Wiedergabe des Zeugungsakts, der zur Wiedergeburt der Toten nötig war (Abb. 95).

Eine Komposition im hintern Teil der kleine Grotte von Saint-Cirq lässt an Deutlichkeit nichts zu wünschen übrig: links sieht man einen Bisonkopf und rechts, ihm zugewandt, einen ityphallischen Mann, daneben einige Zeichen, ein Pferd und ein seltsames Profil (siehe S. 204).

In den vorangegangenen Beispielen trat der Bison als weiblicher Symbolträger auf. Der Eiszeitkünstler war aber bei der Schaffung seiner magischen Bilder nicht auf einen einzigen Aspekt festgelegt. Wie es dem Wesen der Symbole entspricht, sind die Bisons nicht nur dem weiblichen Prinzip zugeordnet, sondern können auch – allerdings in geringerer Zahl – Repräsentanten des männlichen sein. Dann verkörpern sie vitale Energie und Zeugungskraft.

Geladen mit Aggressivität und wahrscheinlich in einen Rivalenkamf verwickelt, erscheinen Bisons auf einem gravierten Knochen aus Pekárna.

Ein kleines Meisterwerk, die Gravierung eines Bullen mit zottiger Wamme und kraftstrotzendem Widerrist, hat ein Eiszeitkünstler auf einem knapp 10 cm grossen Kiesel geschaffen (Laugerie-Basse) (Abb. 96).

Auch in Lascaux war ein grosser Künstler am Werk. Die polychromen, in wildem Galopp davonstürmenden Bisonbullen faszinieren noch heute den Besucher durch ihre geballte Kraft (siehe hinten Abb. 222).

Mit künstlerischer Vollkommenheit ist das Thema «Bison» in der Höhle von Altamira abgewandelt. Den Besuchern, deren Zahl heute allerdings um der Erhaltung der Kunstwerke willen begrenzt werden muss, bleibt die Begegnung mit der Schöpfung ihrer frühen Ahnen ein unvergessliches Erlebnis. Die Künstler

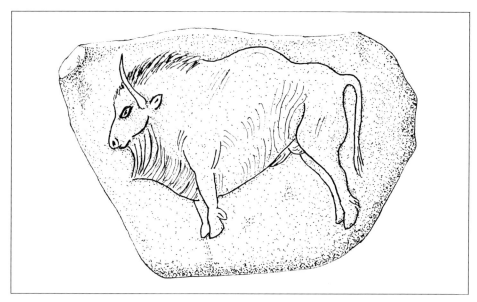
Abb. 96 Gravierung auf flachem Kiesel (Laugerie-Basse)

des Magdalenien, welchen die Malereien von Altamira zu verdanken sind, waren im besten Sinn moderne Menschen. Sie hatten zwar die Technik noch wenig entwickelt, in der Kunst aber schon Vollendung erreicht. Wir spüren in ihren Bildern eine metaphysische Ergriffenheit, eine schöpferische Kraft, die uns tiefer berühren als manche Werke näherliegender Epochen. Es steigt der Wunsch in uns auf, mehr über die Weltschau unserer Vorfahren zu wissen, und unsere Gedanken schweifen durch fünfzehn Jahrtausende zurück in die fernste Vergangenheit bis zum homo sapiens sapiens der Eiszeit, der die Bilder von Altamira geschaffen hat.

Der «Bison-Saal» befindet sich am Anfang des Höhlensystems. Man hat in neuerer Zeit seinen Boden vertieft, damit er in aufrechter Haltung begehbar ist. Als die Malereien an der Decke angebracht wurden, betrug seine Höhe ein bis zwei Meter, d. h. man musste sich auf den Boden legen, um sie zu betrachten. Die Tatsache, dass die Künstler im verborgenen Kultraum unter so schwierigen Bedingungen malten, scheint ein Indiz für die Bestimmung der Bilder zu sein: Sie galten den Toten und nicht den Lebenden!

Die Bildfläche misst etwa 18 m in der Länge und neun Meter in der Breite. Gemalt wurde mit Ockerfarbstoffen; für die Umrisslinien und die zarten Schattierungen und Lavierungen diente schwarze Manganerde. Die polychromen Malereien sind zum Teil mit Gravierungen kombiniert und wirken ausserordentlich plastisch, weil die bucklige Struktur der Felsoberfläche in die Darstellung mit einbezogen ist, ja vielleicht den Anlass bot, die Tiere gerade dort abzubilden.

Die sechzehn Bisonten werden in verschiedenen Stellungen gezeigt, die offenbar auf eine besondere Bedeutung schliessen lassen: man sieht Bullen, die sich mit Urin einreiben, um damit das Terrain zu markieren; auf geradezu geniale Weise hat der Künstler einen grossen Wulst an der Decke ausgenützt, um ein Tier im Sprung zu zeigen, den Kopf nach vorne gebeugt, die Beine angezogen, der mächtige Buckel durch die Felsfiguration betont; ein Bison wurde vom Künstler ohne Kopf wiedergegeben; ein Tier mit zurückgewendetem Kopf ist von Gravierungen umgeben, einem hüttenähnlichen weiblichen Zeichen am Nacken und von drei Hirschköpfen, deren Bedeutung später erklärt wird; der emporgestreckte Hals weist bei einem anderen Exemplar auf das Brüllen während der Paarungszeit hin; die heraushängende Zunge eines weiteren entspricht ebenfalls einem Brunstverhalten. An zentraler Stelle dominiert ein grosses Tier mit Bart und tiefhängender Wamme, dessen schwarze Umrisse kunstvoll gegen die blutrote Innenfläche laviert sind. Unter seinen hinteren Hufen ist ein rotes schlüsselähnliches Zeichen als weibliche Ergänzung zu seiner kraftvollen Männlichkeit und Lebensenergie angebracht. Mehrere Claviforme sind ausserdem im ganzen Feld unter die Tierfiguren verstreut (Abb. 223 u. 224, hinten).

Mit dem Deckengemälde von Altamira hat die Eiszeitkunst einen Höhepunkt erreicht. Die Bilder zeugen nicht nur von grossen künstlerischen Fähigkeiten; sie sind erfüllt von einem tiefen Symbolgehalt und haben nach so vielen Jahrtausenden nichts von ihrer Ausstrahlung eingebüsst.

Auerochse

Auch die Auerochsen oder Ure, von denen unsere Rinder abstammen, sind in Europa ausgerottet worden. Ihre symbolische Aussage lässt sich deshalb – wie bei den Bisons – nur von derjenigen der Hausrinder ableiten.

Sie treten in der Eiszeitkunst selten und regional bedingt auf. In den Höhlen findet man sie, oft mit Pferden verbunden, an den Wänden der zentralen Bezirke.

Auf einem Objekt der mobilen Kunst, einer kleinen runden Knochenscheibe, sieht man auf einer Seite eine Kuh und auf der Rückseite ein Kalb, ein seltenes Beispiel für die Darstellung eines Muttertiers mit seinem Jungen (Laugerie-Basse) (Abb. 97).

Eine schöne Gravierung auf einem Stalagmitenblock in der Höhle von Teyjat zeigt einen Stier zwischen zwei Kühen. Aus der Haltung der drei Tiere spricht eine gewisse Feierlichkeit, und sie scheinen eher zu schreiten als zu gehen. Ein Pferd läuft im untern Bildteil in der Gegenrichtung (Abb. 98).

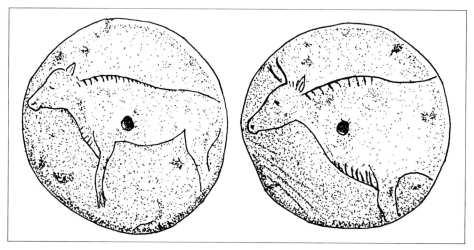

Abb. 97 Durchlochte Scheibe mit Urrindern (Laugerie-Basse)

Abb. 98 Stier und Kuh, Ausschnitt aus der Bildtafel von Teyjat (nach J. Jelínek)

Abb. 99 Skulptiertes Flachrelief zweier Auerochsen (Bourdeilles)

In Bourdeilles fand man zehn verschiedene Tierreliefs. Leider sind die meisten zerstört, und nur die etwa 35 cm grosse Darstellung zweier Rinder ist gut erhalten. Die Tiere fallen durch die gelungene Wiedergabe ihrer charakteristischen Merkmale, die relativ kleinen Köpfe und die wuchtigen Leiber auf (Abb. 99).

Die eindrücklichsten Darstellungen zum Thema Auerochsen bietet die Höhle von *Lascaux,* die mit Altamira zu den berühmtesten Kultstätten des Magdalenien zählt.

Da sie seit ihrer Entdeckung im Jahr 1940 von unzähligen Besuchern besichtigt wurde, begannen die sehr gut erhaltenen Malereien Schaden zu nehmen. 1963 wurde die Höhle geschlossen und eine genaue, massstabgetreue Nachbildung geschaffen, welche heute die Möglichkeit bietet, einem der grössten paläolithischen Kunstwerke zu begegnen.

Die Grotte von Lascaux diente den Eiszeitjägern offenbar nie als Wohnstätte; sie ist mit ihren in Schwarz, Braun, Rot und Gelb gemalten und gravierten Bildern und mehreren hundert Zeichen nur zu kultischen Zwecken gebraucht worden. Die Anordnung der Darstellungen entspricht genau den damals geltenden ikonographischen Regeln und ist ausserdem den räumlichen Verhältnissen und der Beschaffenheit der Felswände angepasst. Datieren kann man sie im grossen und ganzen in die Zeit um 15 000 v. Chr. Von den abgebildeten Tieren befinden sich die meisten in lebhafter Bewegung und durchlaufen die Friese in verschiedenen Richtungen, was den grossen Kompositionen Dynamik und Ausdruckskraft verleiht.

In der sogenannten «Rotunde», einem ovalen Saal, beherrschen fünf riesige Rinder, umgeben von Pferden, Hirschen, Steinböcken und Zeichen, die Szene. Die Konzeption einer männlichweiblichen Polarität hat die Künstler nicht nur dazu veranlasst, Stiere und Kühe einander gegenüberzustellen, sondern liess sie die Tiere darüber hinaus mit den entsprechenden Zeichen versehen. Deutlich zu erkennen ist dies z. B. in der Seitengalerie, wo ein Stier mit zwei schwarzen Haken und eine Kuh mit einem roten Gitterzeichen das männliche und das weibliche Prinzip wiedergeben. Einigen Kühen sind Scharen kleiner Pferde zugesellt. G. CHARRIÈRE und A. LAMING-EMPERAIRE sind der Meinung, es handle sich um die Wiedergabe sozialer Strukturen. Es bietet sich aber auch eine Erklärung aus der Sicht der Wiedergeburtsmagie an: In den Kühen wären die mütterlichen Gebärerinnen, in den jungen Pferden die regenerierten Toten zu sehen. Im Hinblick auf die indischen Veden, in denen das Pferd als Träger der Lebenskraft «prana» erscheint, liegt diese Annahme durchaus im Bereich des Möglichen (Abb. 225, hinten).

Darstellungen von Wildrindern, welche an franko-kantabrische Höhlenzeichnungen erinnern, findet man in der ost-spanischen Levante-Kunst. Diese nimmt wahrscheinlich ihren Ursprung im Jungpaläolithikum und erreicht im Mesolithikum ihre Blütezeit, wobei afrikanische Einflüsse nicht auszuschliessen sind. Die an natürlich überdachten Felspartien oder in Nischen angebrachten Bilder sind selten über 30 cm gross. Vordergründig scheinen sie

Abb. 100 Auerochsen auf einem Felsbild der ostspanischen Levante
Prado del Navazo bei Albarracin (Prov. Teruel)

lebhaft bewegte Szenen aus dem Alltag wie Jagd, Kampf, Tanz usw. zu veranschaulichen, doch ist anzunehmen, dass auch ihnen ein magischer und mythischer Sinn zugrunde liegt. Die Rinder sind in Seitenansicht, ihre Hörner aber frontal wiedergegeben und somit der ursprüngliche Bezug zur Mondsichel erkennbar (Abb. 100).

Hirsch

Der Hirsch gilt vom Paläolithikum bis in die Moderne als wichtiges Symboltier. Da die Symbole Ausprägungen des kollektiven Unbewussten sind und nicht aus der individuellen Psyche einzelner Menschen stammen, bleiben sie von Zeit und Raum unabhängig und bewahren durch Jahrtausende hindurch in den verschiedensten Kulturkreisen ihre Gültigkeit. Besondere Eigenschaften haben den Hirsch zum Träger mehrerer symbolischer Aspekte gemacht.

Die Tatsache, dass er sein bis zu sechzehn Kilogramm schweres Geweih abwirft und in etwa hundert Tagen wieder aufbaut, liess ihn die periodische Erneuerung des Lebens verkörpern und zum Sinnbild der Wiedergeburt oder, in christlicher Sicht, der Auferstehung werden.

Wie andere Cerviden und das Pferd begleitet er in der Vorstellung vieler Völker die Toten ins Jenseits. Aus archäologischen Funden kann man schliessen, dass er schon sehr früh Einzug in den Totenkult gehalten hat.

In den mesolithischen Gräbern von Téviec und Hoëdic in der Bretagne waren mehrere Teile von Hirschgeweihen um die Toten angeordnet worden, dies wahrscheinlich in der magischen Absicht, ihre Regeneration zu fördern. Ein Hirschgeweih fand man auch in der irischen Grabanlage von New Grange. Nach R. GRAVES soll es sich dabei um den Kopfschmuck eines Königs handeln, der es als sog. «Sacred King» zum Zeichen seiner Zeugungskraft bei den rituellen Orgien zur Befruchtung der Felder trug.

Für die Kelten waren die Cerviden allgemein bedeutende Symbolträger. Ihr Geweih sollte sie befähigen, kosmische Kräfte aufzunehmen. Eine stark stilisierte Holzplastik aus dem Schacht einer spätkeltischen Viereckschanze stellt einen Hirsch mit grossen Ohren dar (Abb. 101).

Von den keltischen Göttern ist der gallische Cernunnos mit dem Hirschgeweih hier zu erwähnen, welcher auf dem berühmten Silberkessel von Gundestrup inmitten anderer mythologischer Gestalten abgebildet ist und Naturkaft und göttliche Intelligenz symbolisiert. Das als Votivgabe in einem Moor bei Jütland versenkte Gefäss bildete im religiösen Glauben der Kelten – in Analogie zum christlichen Taufbecken – einen Ort der Erneuerung und Auferstehung. Wenn aus dem Sagenkreis um König Artus überliefert ist, dass der von Tristan getötete Morholt von Irland, Onkel der Isolde, für seinen Weg ins Jenseits in eine Hirschhaut eingenäht wurde, zeugt dies von demselben mythischen Seinsbild.

Mythisches Gedankengut manifestiert sich auch in den zahlreichen Hirschdarstellungen auf Felsbildern, den stein- und bronzezeitlichen der arktischen Kunst und den in die Eisenzeit zu datierenden auf den Kultfelsen des Val Camonica, eines oberitalie-

Abb. 101 Keltische Hirschplastik von Fellbach Schmiden (Landesmus. Stuttgart)

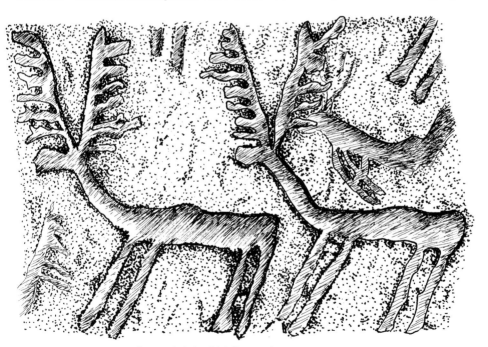

Abb. 102 Hirsche auf Felsbild des Val Camonica
(Zeichnung nach einer Steinabreibung)

nischen Alpentals (Abb. 102). Auf dem amerikanischen Kontinent zählen ähnliche Hirschbilder zu den prähistorischen Petroglyphen im Canyonland.

Wieder finden wir bei den Etruskern entsprechende Objekte im Inventar ihrer Gräber: Hier als ein Beispiel unter vielen die besonders schön gearbeitete Bronzefigur eines Hirsches aus Brolio (6. Jh. v. Chr.) (Abb. 103).

In der christlichen Symbolik begegnet uns der Hirsch auf frühchristlichen Sarkophagen, Fresken und Mosaiken und auf romanischen Kapitellen. Einer alten Überlieferung folgend, bezeichnete der griechische Kirchenschriftsteller Origenes den Hirsch als Feind der Schlangen und verglich ihn mit Christus, der ebenfalls das Böse bekämpft; so gelangte er in den Rang eines Christussymbols.

Der Beginn des 42. Psalms «Wie der Hirsch lechzt an versiegten Bächen ...» bot Anlass, den Hirsch als Sinnbild der Katechumenen oder Taufwilligen zu betrachten: Aus dem Wasser des Lebens trinkend, sehen wir ihn auf dem Apsismosaik der Kirche San Clemente in Rom. Wenn Löwen, Kentauren oder andere Ungeheuer ihn verfolgen, bietet er das Bild der menschlichen Seele, die der Teufel zu gewinnen sucht.

Wie die meisten Symboltiere erscheint der Hirsch in Märchen, in Heiligenlegenden und in der Heraldik.

Neben seinen Rollen als Seelenführer, Erneuerer und Erlöser, liefert der Hirsch als Symbol der Männlichkeit einen weiteren Aspekt. Ausschlaggebend ist dafür sein auffälliges Verhalten während der Paarungszeit. Weithin tönt dann sein Schreien oder Röhren, heftig sind seine Rivalenkämpfe. Beim Rammen, Stossen und Schlagen prallen die Geweihe der Gegner mit lautem Krachen gegeneinander; zum Tod der Tiere kommt es allerdings nur in seltensten Fällen, wenn sie sich mit den Stangen ineinander verfangen und nicht mehr trennen können.

Der Glaube an die potenzsteigernde Wirkung der Geweihsubstanz war weit verbreitet, und traditionelle chinesische Apotheken bieten noch heute ein aus den Stangen gewonnenes Pulver als Aphrodisiakum feil. Wenn der aufgeklärte moderne Mensch versucht ist, diesen «Aberglauben» zu belächeln, muss man ihm entgegenhalten, dass laut neuen Forschungsergebnissen in Geweihen und Hörnern das männliche Geschlechtshormon Testo-

Abb. 103 Bronzehirsch, Grabfund aus Brolio
(Museo Archeologico dell' Etruria, Florenz)

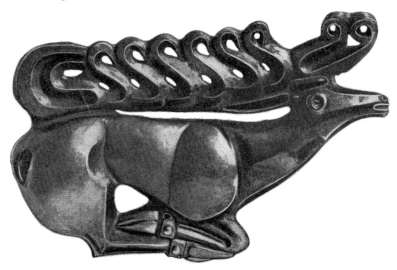

Abb. 104 Skythischer Hirsch, Schildverzierung (Eremitage-Museum, Leningrad)

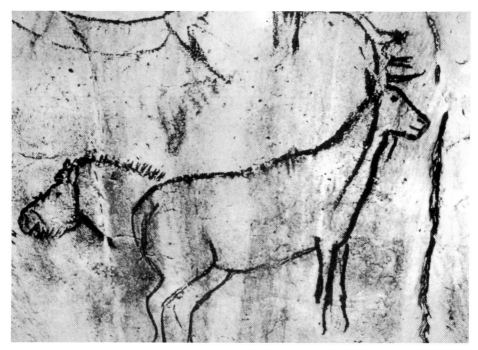

Abb. 105   Hirschbild im «Salon Noir» von Niaux

steron gespeichert wird (A. BUBENIC). Zu deren Verwendung als sexuelles Reizmittel ist es dann nicht mehr weit!

Welche magische Wirkung hat nun der Paläolithiker vom Hirsch erhofft? Funde aus dem Mousterien beweisen, dass ihn schon der Neandertaler in den Totenkult einbezogen hat. Eine Ausgrabung bei Nazareth ist als «Bestattung homo 11 von Qafzeh» in die Geschichte der archäologischen Entdeckungen eingegangen. In einer am Höhleneingang ausgehobenen Grube stiess man dort auf das Skelett eines etwa dreizehnjährigen Knaben. Man hatte den Toten mit nach rechts gebogenen Beinen in Rückenlage beerdigt, die Hände beidseits neben dem Kopf angewinkelt und auf ihnen ein Hirschgeweih deponiert. Mit Sicherheit ist hier anzunehmen, dass es sich dabei um eine Grabbeigabe von symbolischer Bedeutung handelt. Das Vorkommen tierischer Knochen in menschlichen Bestattungen kann auch andere Gründe haben; es ist oft schwer zu beurteilen, ob man es mit Resten von Speisen zu tun hat, die den Toten mitgegeben oder rituell verzehrt worden waren oder ob Carnivoren sie verschleppt haben. Einige Forscher halten es für möglich, dass die Paläolithiker den Verstorbenen nicht nur Nahrungsmittel, sondern auch Ausgangsmaterial für die Herstellung von Geräten zur Verfügung stellten. Aber: War es nicht einfacher, ihnen diese mitzugeben, als ihnen noch Arbeit aufzubürden?

Der Hirsch zählt in der *Eiszeitkunst* zu den männlich determinierten Tieren, die den Hauptakteuren Pferd und Bison – oder Auerochse – zugeordnet sind und in den Anfangs- und Endzonen der Höhlen und am Rand der grossen Kompositionen auftreten.

In der Höhle von Lascaux zeichnen sich die Hirsche durch die Betonung der Geweihe aus. Am Eingang zur Seitengalerie zeigt sich ein schwarzes, ein Meter vierzig grosses Tier mit der ganzen Pracht seiner verzweigten Stangen und der handähnlich gestalteten Krone als stattlicher Achtzehnender (Abb. 226, hinten)! Übergrosse Geweihe an Cerviden kennzeichnen viele Jahrtausende später den skythischen Steppen-Tierstil; rhythmisch gegliedert bedecken sie den ganzen Rücken der Tiere. Beiläufig sei noch erwähnt, dass die Skythen Hirsche in stereotyper Haltung, mit nach vorn gestrecktem Hals und unter den Körper gezogenen Beinen beizusetzen pflegten (Abb. 104).

Auf dem grossen Fries der Rotunde von Lascaux sind mehrere Hirsche als Symbole der Regeneration und Potenz den Rindern beigesellt.

Im reich bebilderten «Salon Noir» von Niaux steht ein Hirsch neben einem Pferd und soll, den magischen Vorstellungen entsprechend, dessen Zeugungskraft aktivieren (Abb. 105), wie dies auch bei der Assoziation von Pferd und Hirsch in der asturischen Höhle La Pasiega der Fall ist. Die benachbarte Grotte Las Chimeneas enthält mehrere Hirschdarstellungen, darunter ein besonders gut erhaltenes Exemplar, dem ein rechteckiges weibliches Zeichen zugeordnet ist. In einer engen, schwer zugänglichen Passage der Endzone stösst man auf die Kombination von fünf Hirschen mit einer Vulva, ein Thema, das auch im Camarin von Le Portel auftritt und die männlich-weibliche Polarität versinnbildlicht.

Wie wir es bei der Ritzzeichnung eines Rens aus dem Kesslerloch feststellen konnten, erfüllt die Wiedergabe der Verhaltensweise eines Tiers eine bestimmte Aufgabe im Dienst der Wiedergeburtsmagie. Dies gilt für einen Cerviden am Eingang der Höhle von Covalanas: Das unter Anpassung an das Relief der Felswand

Abb. 106 Röhrende Hirsche
a) auf dem Fragment eines Lochstabs (Les Hoteaux); b) Wandgravierung (Altamira)

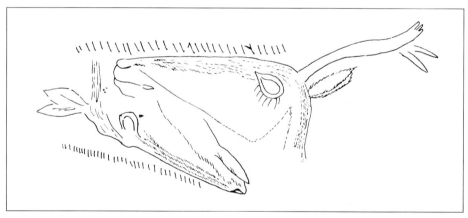

Abb. 107 Hirsch und Hindin auf Lochstab, El Pendo (nach A. Marshack)

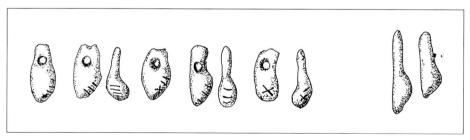

Abb. 108 Hirschaugenzähne, verziert und perforiert (St. Germain-la-Rivière)
als Vergleich: «Venusstatuetten» (Mezin)

gezeichnete Tier beugt den Kopf, als folgte es der Fährte eines brünstigen Weibchens oder als stellte es sich in Kampfbereitschaft.

Auch in der mobilen Kunst gibt es Darstellungen von Hirschen in der Paarungszeit: Mit offenem Maul sieht man sie auf den Lochstäben von Labastide und Les Hoteaux (Abb. 106a) röhren.

Hirschkühe, welche das weibliche Element verkörpern, sind hauptsächlich in der spanischen Parietalkunst anzutreffen, wie z.B. in La Pasiega und El Castillo. Das über zwei Meter grosse, ausdrucksstarke Gemälde einer Hirschkuh befindet sich an der berühmten Decke von Altamira; ruhevoll steht das Tier, gewissermassen als Kontrapunkt, der dynamischen Gruppe von Bisonten gegenüber (siehe hinten Abb. 227).

Abb. 109   Hirschkopf, Malerei in Rot, Cova de la Saltadora (Provinz Castellón)

Ein Lochstab aus El Pendo, dessen nicht sehr deutlich ausgearbeitetes Ende als Pferdeschnauze oder als Phallus interpretiert werden kann, ist mit einer ausserordentlich feinen Gravierung verziert (Abb. 107). Auf der einen Seite sind die Köpfe eines Hirschpaares, auf der anderen ein Pferdekopf neben zwei Hindinnen zu sehen. Der Funktion des Lochstabs gemäss, handelt es sich dabei um die Verbindung männlicher und weiblicher Symboltiere, welche hier in zwei verschiedenen Spielarten erscheint.

Eine Besonderheit bilden die Augenzähne des Hirsches, rudimentäre Eckzähne im Oberkiefer, die sich beim Altern vergrössern (Abb. 108). Auch Grandeln oder Gränen genannt, sind sie bis zum heutigen Tag eine begehrte Trophäe der Jäger geblieben und werden an Krawattennadeln oder anderen Schmuckstücken angebracht; als sogenannte Berlocken hingen sie an den Uhrenketten unserer Grossväter. Im Paläolithikum erfreuten sie sich so grosser Beliebtheit, dass man sie aus anderem Material, aus Knochen oder Elfenbein, nachbildete. Grössere Mengen davon wurden als

Reste von Schmuck in Bestattungen gefunden (Barma Grande, St. Germain-la-Rivière usw.). Wie der Kauri-Muschel eignet auch den Hirschaugenzähnen bis in die Gegenwart eine sexual-symbolische Bedeutung.

In der Felskunst der ostspanischen Levante nehmen die Cerviden (Abb. 109) den ersten Platz unter den dargestellten Tieren ein. Sie werden zahlenmässig nur von den Bogenschützen und anderen männlichen Figuren übertroffen und treten auch solitär, ausserhalb der üblichen Jagdszenen auf.

Rentier

Die Rene leben in grossen halbwilden Herden in den Gebieten des nördlichen Polarkreises. Weite Wanderungen führen sie von ihren Winterweiden in den waldigen Gegenden zu höher gelegenen Tundren. Mit ihrem dicken Fell und den spreizbaren Hufen sind sie für Kälte und Schnee gut ausgerüstet. Männliche und weibliche Tiere tragen ein verzweigtes Stangengeweih.

Während der Eiszeit drangen sie südwärts bis nach Nordspanien und Südfrankreich vor. Sie bildeten – besonders im Magdalenien – die Hauptbeute der eiszeitlichen Jäger, denen sie Fleisch, Knochen, Felle und Häute zu mannigfachem Gebrauch lieferten. Ihre dem Wechsel der Jahreszeiten angepassten Wanderungen zwangen die Menschen zu einem Halbnomadentum. Nach dem Ende der Würm-Eiszeit zogen sich die Rene nach Norden zurück, was zeitlich mit dem langsamen Erlöschen der Eiszeitkunst in den von ihnen verlassenen Gebieten zusammenfällt.

Das Rentier gehört sowohl in den Symbolkreis des Pferdes – vor allem bei Völkerschaften, die es als Reittier brauchen – als auch in denjenigen des Hirsches. Es amtet als Seelenführer, und sein verzweigtes Geweih ist ein Sinnbild des Lebens und der Erneuerung.

In der Höhlenkunst spielt das Ren eine relativ geringe Rolle. Aus dem spanischen Gebiet erwähnen wir ein Exemplar in Las Monedas, das sich Rücken an Rücken neben dem auf Seite 105 beschriebenen Pferd befindet (Abb. 110). Einige Rene zählen zu den verschiedenen Tierarten, die das Sanktuar von Les Trois-Frères bevölkern (Abb. 111). In Les Combarelles treten sie in sieben

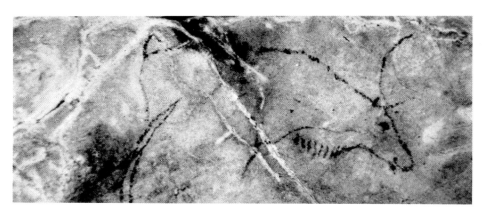

Abb. 110 Rentier auf Bildtafel in Las Monedas

Abb. 111 Ren im «Sanktuar» von Les Trois-Frères

Abb. 112　Gravierung aus Les Combarelles (nach Charrière)

Abb. 113　Renpaare während der Brunst; a. Petersfels; b. Laugerie Basse

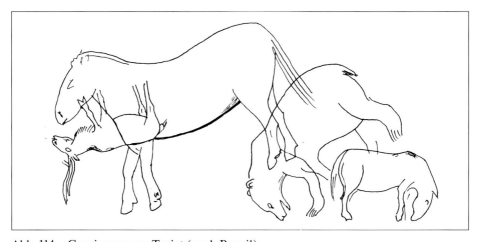

Abb. 114　Gravierung aus Teyjat (nach Breuil)

verschiedenen Gruppen auf, unter anderem als ein sich gegenüberstehendes Paar (Abb. 112).

Häufiger sind Darstellungen auf gravierten Platten, wie z. B. in Limeuil, wo ein Tier mit gebeugtem Hals einen Gegner zu bedrohen scheint. Eine Schieferplatte aus Laugerie-Basse zeigt einen Renhirsch, der einem weiblichen Tier folgt (Abb. 113). Von diesen Bildern ausgehend, schlossen mehrere Prähistoriker auf einen Vermehrungszauber, der den Fortbestand der Herden sichern sollte. Dagegen kann man einwenden, dass bei der damaligen geringen Bevölkerungsdichte kaum ein Mangel an Jagdwild geherrscht haben wird. Ausser dem Renpaar sind auf dem Plättchen noch ein Pferdekopf und ein Bison zu sehen, die als Verkörperung des Toten und des weiblichen Prinzips eine Interpretation im Sinn der Wiedergeburtsmagie nahelegen. Identische Brunstszenen finden wir auf einem Lochstab aus Petersfels und einer Rinderrippe aus La Vache. Darstellungen von Tierpaaren vor der Begattung enthielten für den Eingeweihten einen verschlüsselten Hinweis auf den eigentlichen Sexualakt, dessen Wiedergabe offensichtlich vermieden wurde. Da die Szenen in symbolischem Bezug zur gewünschten Regeneration toter Menschen standen, ist die dabei angewendete Diskretion durchaus einfühlbar.

Abschliessend befassen wir uns noch mit einer Komposition aus den bedeutungsvollen Gravierungen von Teyjat (Abb. 114). Unter dem Kopf- und Brustteil eines Pferdes liegt ein kleines Ren auf dem Rücken, eine Stellung, die vielleicht auf seine Tötung hindeuten soll; am hintern Ende der Pferdefigur ist ein Bär, Sinnbild der Zeugung und Wiedergeburt, angebracht; ein Pferdchen entfernt sich in der Gegenrichtung. Und nun das Ganze symbolisch interpretiert: Ein Toter, eine geopferte Frau, ein Garant der Wiedergeburt, ein zu neuem Leben geborenes Individuum. Es bleibe dem Leser überlassen, ob er dem mythischen Gedankenflug folgen will!

Steinbock

Der Symbolwert des Steinbocks wird durch die säbelförmigen, bis zu einem Meter langen Hörner bestimmt. Ähnlich den Hirschen, die während der Brunft ihre Rivalen mit dem Geweih rammen, stossen gegnerische Steinböcke die Hörner im Ansprung gegeneinander. In der Tiefenpsychologie zählen die Hörner, wie sonst noch ähnlich Geformtes, zu den phallischen Symbolen. Der Penis heisst im italienischen Sex-Jargon «corno»! Allgemein verkörpern die Böcke – Widder, Ziegenbock und Steinbock – das aktive Prinzip, die zeugende Kraft, Fruchtbarkeit und Macht.

Die Ägypter verehrten widdergestaltige Götter in der Frühzeit: Chnum, der später als Mensch mit Widderkopf dargestellt wurde und Amun, dessen tierische Erscheinungsform sich mit der Zeit zu seinem Attribut wandelte. Heilige Ziegenböcke, ebenfalls Symbole der Fruchtbarkeit und Potenz, wurden nach ihrem Tod einbalsamiert. Dass auch in andern alten Kulturen die Böcke einen Rang als Kulttiere besassen, zeigt die schöne Goldschmiedearbeit eines geflügelten Steinbocks aus dem Iran des 4. Jahrhunderts v. Chr. (Abb. 115). Den Indern galt der Bock als Sinnbild des lebenspendenden Feuers. In der griechischen Mythologie erscheint der gehörnte Hirtengott Pan mit bocksgestaltigem Unterleib; er verlieh dem Herdenvieh Fruchtbarkeit und verhalf den Jägern zu ihrer Beute. Im Gefolge des Dionysos traten neben den Mänaden die bockfüssigen, lüsternen Satyrn auf.

Die archaische jüdische Sitte, einen mit allen Sünden des Volkes beladenen Bock in die Wüste zu jagen, ist ein Musterbeispiel für die Tendenz, eigene Schuld auf ein fremdes Objekt zu projizieren. In Anlehnung an diesen alttestamentlichen Ritus wurde der Widder zum Sinnbild Christi, der die Sünden der Menschheit auf sich genommen hat.

Im Mittelalter gewann der negative Aspekt des Bocks an Bedeutung: Er wurde zum Inbegriff der Geilheit und Unzucht. Der Teufel beliebte in seiner Gestalt zu erscheinen. Halb Mensch halb Bock, herrschte Satan am Sabbat über die Hexen, welche für ihre Reise die Wahl zwischen einem Besen und einem Ziegenbock hatten!

Die Volksmedizin schrieb fast allen Organen des Steinbocks, dem Blut und den Körperausscheidungen, eine heilende Wirkung zu, nicht zuletzt deshalb, weil er mit etwa zwanzig Jahren relativ alt wird. Da die Substanz seiner Hörner als Aphrodisiakum begehrt war, drohte ihm die Ausrottung. Glücklicherweise gelang es, in einigen Alpengebieten das Steinwild wieder anzusiedeln.

Im Paläolithikum wurde der Steinbock offenbar schon vom

Abb. 115 Gefäßhenkel in Gestalt eines Steinbockes (Alt-Iran, 4 Jh. v. Chr.)

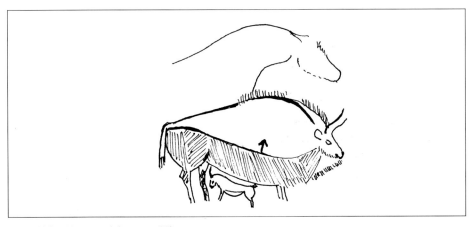

Abb. 116 Komposition aus Niaux

Neandertaler als Vermittler magischer Kräfte angesehen und im Totenkult eingesetzt. Die Ausgrabung von Teshik Tash in Usbekistan brachte das Skelett eines Kindes zutage, um welches fünf Steinbockhörner angeordnet waren.

Als Symbol der zeugenden Kraft wird in der *Eiszeitkunst* der Steinbock in den Dienst der Wiedergeburtsmagie gestellt und meistens den beiden Hauptakteuren, dem Pferd und dem Bison, zugeteilt. In der Pyrenäenhöhle von Niaux, deren Bilder zu den ausdrucksstärksten des Magdalenien gehören, ist der Steinbock häufig zu sehen (Abb. 228, hinten). Die Kombination Pferd-Bison-Steinbock bildet sowohl auf Malereien an den Wänden als auch auf Zeichnungen am Boden das wichtigste Thema. Mehrere Bisons tragen Zeichen von Verwundungen durch Wurfpfeile am Leib, ein Hinweis auf die Vereinigung der Geschlechter. Bei C.G. JUNG ist die Jagd eines der Symbole für den Sexualakt; auf die Eiszeitkunst angewendet, erleichtert die Kenntnis dieser symbolisch verschlüsselten Aussage das Verständnis für deren magischen Gehalt.

Eine Tiergruppe in Niaux setzt sich aus einem Pferd, einem kleinen Steinbock und einem verwundeten Bison zusammen (Abb. 116). Für den Eingeweihten bedeutete dies: Dem Pferd als Stellvertreter des Toten soll eine Weiterexistenz ermöglicht werden, dem Steinbock fällt die Aufgabe zu, die Zeugung zu garantieren, und zum Vollzug der Geburt ist der Bovide ausersehen. Dabei sind die Steinböcke bedeutend kleiner dargestellt als die Protagonisten.

Ohne auf ähnliche Kompositionen in anderen Höhlen wie Altamira, Lascaux usw. einzugehen, sei nochmals die Ausschmückung des Camarins von Le Portel in Erinnerung gerufen, wo Pferd, Bison, Steinbock, Hirschgeweih, Vulva, claviforme Zeichen und Punkte geradezu eine «magische Szenerie» bilden, um den Toten zu ihrer Wiedergeburt zu verhelfen.

Zu den frühen Funden eiszeitlicher Kleinkunst zählt die Darstellung eines Steinbocks auf einem Lochstab aus Veyrier. Auf einem weiteren, leider stark beschädigten Lochstab aus dem Mas d'Azil sind die Köpfe zweier Steinböcke im Relief herausgearbeitet. Ihre Hörner sind gegen die Durchbohrung des Stabes gerichtet, was vom Sinngehalt des Objekts her betrachtet, durchaus folgerichtig ist (Abb. 117).

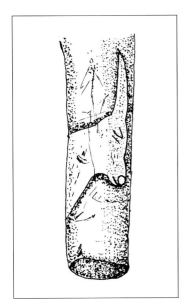

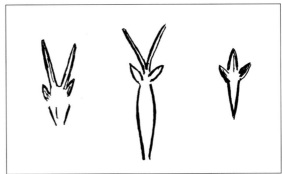

Abb. 118 Stilisierung von Steinbockköpfen

Abb. 117 Bruchstück eines Lochstabs mit Steinbock, Mas d'Azil (nach Ch. Servelle)

Ein spatelförmiges Knochenplättchen zeigt einen Steinbock zwischen sieben Kerben und einem grossen männlichen Hakenzeichen (Isturitz). Wozu diese Spatel oder Schaber gedient haben, ist nicht bekannt; fast immer sind sie mit Zeichen und Tieren der männlichen Gruppe verziert und enden manchmal in einem kunstvoll geschnitzten Fischschwanz.

Die Tierbilder der mobilen Kunst waren in der Spätzeit des Magdalénien einer zunehmenden Stilisierung unterworfen, wie die Wiedergabe von Steinböcken auf einem Knochenfragment von El Pendo zeigt (Abb. 118). Beinahe zum Ornament vereinfacht, offenbaren sie dem Eingeweihten dennoch ihren Sinngehalt.

Bei der kleinen Skulptur eines Capridenkopfs handelt es sich wahrscheinlich um einen Anhänger, der aus einem Hirschgeweih geschnitzt wurde. Das Gehörn ist betont gross und mit den typischen Jahresringen versehen (Tito Bustillo, siehe hinten Abb. 229).

Von der wichtigen Bedeutung des Horns in den magischen Vorstellungen überzeugt auch eine überarbeitete Gesteinsformation in El Castillo. Aus einem Felsblock mit aufgesetztem Stalagmiten hat der Künstler einen Tierkopf mit einem dicken Horn gebildet. Wenn schon der moderne Mensch in der fremden Welt der Höhlen an Felswänden und Steinbrocken, an Stalagmiten und Stalak-

Abb. 119 Jagdsszene mit Bock, Cueva Remigia (Prov. Castellón)

titen Tier- und Menschengestalten zu erkennen glaubt, um wie vieles grösser muss die Wirkung dieser geheimnisvollen Formen auf den Paläolithiker gewesen sein, der nicht durch ein Übermass an Eindrücken abgestumpft war!

Die Böcke behalten ihren Platz als Symboltiere auch auf Felsbildern späterer prähistorischer Kunst. Neben den Hirschen gehören sie zu den bevorzugten Themen des ostspanischen Levantestils. Auf einer dynamisch gestalteten Jagdszene zielen zwei Bogenschützen auf einen Steinbock mit gewaltigen Hörnern, der offenbar den Treibern zu entfliehen sucht (Abb. 119).

Einen wichtigen Stellenwert haben die Cerviden ebenfalls in der amerikanischen «Rock Art». Als Beispiel zeigen wir hier eine Petroglyphe mit einem Bock und einer männlichen Figur (Abb. 120).

Und wenn wir uns im asiatischen Raum umsehen, begegnen wir demselben Symbol der Zeugungskraft: Am kulturgeschichtlich bedeutenden Verbindungsweg zwischen China und dem Westen, im Tal des Indus, stellt eine Felszeichnung aus dem 9.-10. nachchristlichen Jahrhundert einen ityphallischen Steinbock dar (Abb. 121).

Abb. 120   Steinbockmotiv der «Rock Art», Butter Wash, Canyon Country

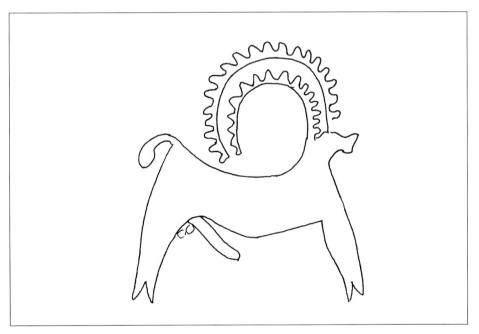

Abb. 121   Felsbild am «Karakorum Highway» (nachbuddhistische Periode)

Mammut

Das gewaltigste Tier der Eiszeit ist das Mammut, welches während der Epoche des Neandertalers auftrat, um dann im Lauf des Magdaleniens infolge der zunehmenden Klimaerwärmung langsam zu verschwinden. Sein Verbreitungsgebiet erstreckte sich auf ganz Europa, Nord-Asien und Teile Nord-Amerikas. Allein im sibirischen Eis sind Reste von über 20 000 Exemplaren gefunden worden.

An Grösse übertraf das Mammut die heutigen Elefanten um mehr als einen Meter. Besondere Merkmale bildeten der nach oben sich kegelförmig verjüngende Kopf, eine abfallende Rückenlinie, ein als Nahrungsreserve dienender Fetthöcker, gekrümmte Stosszähne und ein langhaariges Fell.

Bei prähistorischen und ausgestorbenen Tieren müssen wir von der Symbolik lebender Arten ausgehen, d. h. im Fall des Mammuts den symbolischen Stellenwert des Elefanten berücksichtigen, über den vorwiegend die asiatische Mythologie Auskunft gibt.

Für die Chinesen der Shang-Zeit, deren Verhaftung in einer reichen Symbolik sich in den Sakralbronzen spiegelt, war der Elefant Vertreter der fruchtbaren Erdkräfte. Er trägt auf einem Opfergefäss für Wein ein Junges auf dem Rücken, womit Erneuerung und Wiedergeburt angedeutet sind (Abb. 122).

Einen weissen Elefanten bitten die Bewohner der oft von Dürre heimgesuchten Monsungebiete Hinderindiens um Regen und Erntesegen.

In Indien und Tibet wird der Elefant dank seiner Kraft und Stabilität zum Träger des Universums und verkörpert ausserdem Langlebigkeit, Macht und Weisheit. Ganesta, Sohn Shiwas und Symbol des Wissens, trägt auf seinem dickbauchigen Menschenleib einen Elefantenkopf. Nach einem buddhistischen Mythos hat die Königin Maja ihren Sohn, den spätern Buddha, von einem jungen Elefanten empfangen.

Damit gelangen wir zum phallischen Aspekt, der offenbar die Rolle des Mammuts in der Eiszeitkunst bedingt. Bevor wir uns dem Cro-Magnon-Menschen zuwenden, sei aber noch ein aktuelles Beispiel aus der kinderpsychiatrischen Praxis eingeschoben: Ein kleiner Junge mit Kastrationsangst veranschaulichte diese mit

Abb. 122   Gefäß für Opferwein, Shang-Dynastie (Freer Gallery of Art, Washington)

der Erklärung, man werde dem Elefanten den Rüssel abschneiden.

Im «Analogie-Denken» des *Paläolithikers* musste das Mammut als besonders geeignet erscheinen, um den Toten zu ihrer Wiedergeburt zu verhelfen. LEROI-GOURHAN zählt es richtigerweise zu den männlich determinierten Tieren.

Die Mammutdarstellungen sind in der Parietalkunst zwar zahlenmässig reichlich vertreten, beschränken sich aber auf relativ wenige Höhlen. Den Hauptanteil findet man in der weitverzweigten Grotte von Rouffignac. Wie LEROI-GOURHAN berichtet, waren ihre Bilder schon seit dem 16. Jahrhundert bekannt. Unzählige Besucher haben sich seither mit ihren Namen und anderen Kritzeleien an den Höhlenwänden verewigt. Als Kunst der Eiszeit wur-

Abb. 123   Nachbildung eines Mammuts

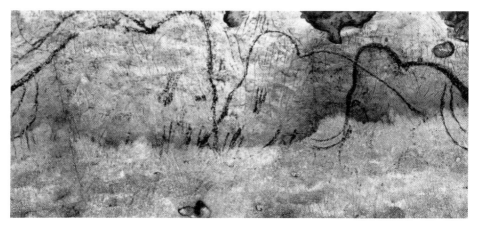

Abb. 124   Mammutfries in Rouffignac

den die Malereien und Gravierungen aus dem Magdalénien aber erst nach heftigen Kontroversen in den fünfziger Jahren unseres Jahrhunderts anerkannt. Eine bemalte Decke enthält neben Bisons, Pferden und Steinböcken mehr als ein Dutzend Mammuts. Die ganze Komposition ist mit ihren zentralen Hauptfiguren und im Halbkreis angeordneten Randgruppen sehr kunstvoll und entspricht wahrscheinlich ganz bestimmten ikonographischen Gegebenheiten. Auf dem sog. «Mammut-Fries» stehen sich elf Exemplare in zwei Gruppen frontal gegenüber (Abb. 124).

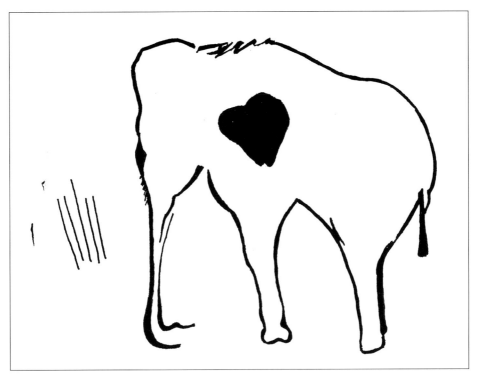

Abb. 125 Mammut mit Zeichen, El Pindal (nach J. Jelínek)

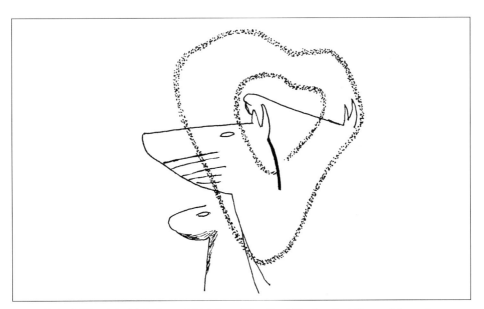

Abb. 126 3 Hirschkuhköpfe und Zeichen, Tito Bustillo (nach Alfonso Moure)

Die asturische Höhle El Pindal erstreckt sich an der Steilküste des Atlantik als 360 m langer Korridor in den Felsen. Zu ihren Darstellungen gehört ein rot gemaltes Mammut, das von einigen Autoren auch als Elefant (Elephas antiquus) angesehen wird. An seiner Schulter fällt ein roter, meist als «Herz» bezeichneter Fleck auf, doch gilt auch hier, was auf Seite 85 über das Herz gesagt wurde: es handelt sich um ein weibliches Symbol (Abb. 125). Einem ähnlichen Gebilde begegnet man in der Höhle von Tito Bustillo, wo es in Verbindung mit einigen Hirschkuh-Köpfen steht und kaum als Herz gedeutet werden kann (Abb. 126). Zu den in Spanien entdeckten Mammutbildern gehört noch ein ebenfalls in Rot gemaltes Tier im schmalen Endgang von El Castillo (Abb. 127).

Ganz im Sinn der Wiedergeburtsmagie, sind die Mammuts oft – wie eben gesehen in Pindal – mit dem weiblichen Element vergesellschaftet. Tectiforme Zeichen wurden deshalb einem Mammutkopf in der Höhle von Bernifal eingeschrieben. Wie zu erwarten ist, können auch Symboltiere der weiblichen Gruppe die ergänzende Rolle spielen: in der grossen labyrinthartigen Grotte von Pech-Merle zum Beispiel eine Wildkuh, deren Hinterleib von einer Mammutfigur überschnitten wird, sowie mehrere Bisons. Im Hinblick auf einen magischen Zeugungsvorgang erscheinen Kombinationen mit Frauengestalten besonders bedeutsam, die an einer Decke der gleichen Höhle angebracht sind (Abb. 128). Der deutsche Freilandfundplatz Gönnersdorf ist bekannt für die vielen auf Schieferplatten gravierten, stark vereinfachten Frauenfiguren. Ohne Kopf, mit gebeugten Knien stehend, fügen sie sich gut in die Hypothese einer Wiedergeburtsmagie ein, umso mehr, als eine von ihnen im Rüsselbereich eines Mammuts zu sehen ist. (Man beachte auch die Ausführungen auf Seite 60.)

Bei den Mammutdarstellungen von La Baume-Latrone haben die Paläolithiker eine Technik angewandt, die in relativ frühe Stufen der Eiszeitkunst gehört. Mit zwei bis vier Fingern wurden in die von feuchtem Lehm bedeckten Höhlenwände parallele Linien gezogen oder mit Farbe auf den Fels gemalt. Auf diese Weise entstanden Strichmuster, Wellenlinien, ja sogar Tier- und Menschenfiguren, Bilder, die in mehreren Höhlen vorkommen und recht anschaulich als «Makkaroni» bezeichnet werden. Zu ihrer Deutung haben sich mehrere Autoren geäussert, wobei u. a. von gra-

Abb. 127 Rotes Mammut in der Höhle von El Castillo

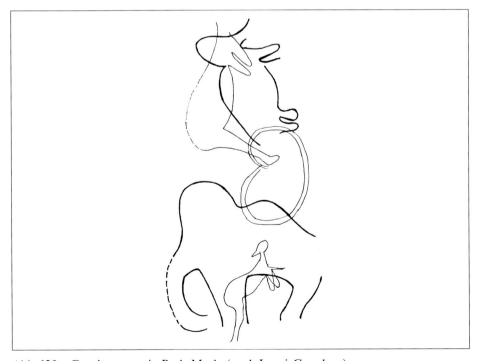

Abb. 128 Gravierungen in Pech-Merle (nach Leroi-Gourhan)

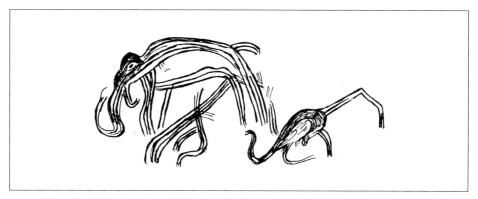
Abb. 129   Zwei Mammuts im Fries von La Baume-Latrone, mit den Fingern gemalt

phischer Fixierung von Lauten und Gesten die Rede ist und A. MARSHACK in den ungegenständlichen Zeichnungen Wassersymbole sieht (Abb. 129).

In der Kleinkunst West-Europas haben die Mammuts Seltenheitswert, obwohl zwei Exemplare einen Lochstab zieren, der als ältestes Objekt seiner Art mit Tierdarstellungen gilt (Abb. 130). Das Elfenbeinfigürchen eines Mammuts kam in der süddeutschen Höhle von Vogelherd zutage. Es lässt sich ins Aurignacien datieren und weist als Besonderheit an Schulter und Flanke eingekerbte Zeichen auf, aus Diagonalen gebildete kleine Kreuze (Abb. 131). Das Schrägkreuz, welches neben dem aufrechten zu den ältesten Lebens- und Heilssymbolen zählt, erscheint in vielen Kulturen; uns ist es aus der christlichen Ikonographie als Andreaskreuz bekannt. Nach LEROI-GOURHAN gehört es in der Eiszeitkunst zu den weiblichen Symbolen, eine Annahme, die durch die Tatsache erhärtet wird, dass es bei Zeichenpaaren als Ergänzung der männlichen Komponente eingesetzt ist (Abb. 132). Auf einem Fundstück aus der gleichen Höhle ist ein mit drei tiefen Kerben gezeichnetes Mammut in schönem Halbrelief aus einem Knochen herausgeschnitzt.

In den Freilandstationen der osteuropäischen Mammutjäger Mährens fand man neben Spuren von Siedlungen und Bestattungen zahlreiche Gegenstände der mobilen Kunst aus Elfenbein, Knochen, Geweih, weichem Gestein und – was besondere Beachtung verdient – aus Ton. Vor rund 25 000 Jahren beherrschten die Paläolithiker hier schon die Herstellung von Keramik, indem sie aus einer Mischung von Löss, zermahlenen Knochen und einem

Abb. 130   Lochstab mit Mammuts (Laugerie-Haute)

Abb. 131   Mammut mit Kreuzzeichen (Vogelherd)

Bindemittel Figuren formten und am Feuer härteten. Unzählige in der Asche eines Herdes gefundene kleine Plastiken zeugen davon, dass es schon damals spezialisierte Künstler gab, die in ihrer Werkstatt Gegenstände für rituelle Zwecke anfertigten. Das Mammut gehörte zu den bevorzugten Themen dieser Kleinkunst (Abb. 133). Einerseits spielte es für die eiszeitlichen Jägergemeinschaften eine wichtige Rolle im praktischen Lebensbereich als Spender von Nahrung und Kleidung, von Ausgangsmaterial für Geräte, Waffen und Kunstobjekte und von Werkstoff für den Bau der Hütten, andrerseits besass es auch einen symbolischen Stellenwert, wie er am Anfang des Kapitels erläutert worden ist.

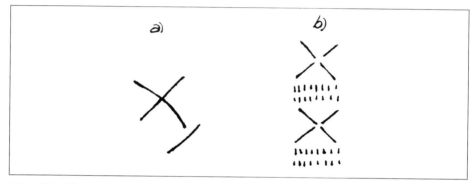

Abb. 132   Kreuze und männliche Zeichen; a) Le Gabillou; b) Marsoulas

Abb. 133   Mammut aus gebranntem Ton (Dolní Věstonice)

Nashorn

In der letzten Eiszeit lebte das wollhaarige Nashorn. Über sein Aussehen ist man gut unterrichtet, da in Nord-Sibirien gefrorene Kadaver gefunden worden sind. Das tonnenschwere Tier trug zwei Hörner, ein bis zu eineinhalb Meter langes vorn, ein kürzeres dahinter, und war mit einem dichten, zottigen Fell gegen die Kälte geschützt. Vor etwa 18 000 Jahren setzte eine langsame Erwärmung des Klimas ein, als deren Folge die tundraähnliche Vegetation durch Pflanzen abgelöst wurde, die ungefähr der Taiga-Flora entsprach. Das Nashorn erlitt das gleiche Schicksal wie das Mammut: Es konnte sich den neuen Lebensbedingungen nicht anpassen und starb aus.

Das heutige Nashorn ist aus ganz anderen Gründen vom Aussterben bedroht. Sein phalloides Horn gilt als wirksames Aphrodisiakum und erzielt auf dem Schwarzmarkt Preise bis zu 100 000 Franken. Weil die Wilderer in den afrikanischen Reservaten und dubiose Zwischenhändler sich damit bereichern, findet der schwunghafte Handel trotz aller Bemühungen von Seiten der Tierschützer und der Regierungen kein Ende.

Ein Sakralgefäss in der Gestalt eines Nashorns lässt darauf schliessen, dass es im alten China den Rang eines Symboltiers innehatte (Abb. 134).

In den Mythen des westlichen Kulturkreises nimmt das Nashorn einen geringen Platz ein. Um etwas mehr über seinen Symbolwert zu erfahren, kann man zum Vergleich das mythologisch besser dokumentiere *Einhorn* heranziehen (Abb. 135).

Schon im dritten Jahrhundert v. Chr. wurde dieses unter dem Namen Ch'i-lin in China erwähnt. Es sah aus wie ein Hirsch mit einem Rinderschwanz, hatte glänzende Schupppen, gespaltene Zehen und ein bis drei Hörner. Als phallisches Symbol gewährte es Kindersegen, weshalb man sein Bild jungen Bräuten zur Hochzeit schenkte. Der Mutter des Konfuzius soll es vor dessen Geburt einen Besuch abgestattet haben. Daneben galt es auch als gutes Vorzeichen.

Der Weg der Einhörner lässt sich nach Japan, Indien, Persien und ins antike Griechenland verfolgen. Im sog. «Physiologus», einer mit Fabelliteratur vermischten Naturkunde, wird das Einhorn eingehend beschrieben, ebenso bei Plinius, nach dem es den

Abb. 134   Sakralgefäss aus Bronze mit Silber- und Goldeinlagen, 5.-3. Jh. v. Chr. (Nat. Museum, Peking)

Abb. 135   «Now I will believe that there are unicorns», Shakespeare, The Tempest

Leib eines Pferdes, den Kopf eines Hirsches, den Rüssel eines Wildschweins und ein zwei Ellen langes Horn gehabt haben soll.

Es würde zu weit führen, auf die verschiedenartigen symbolischen Bedeutungen dieser Fabeltiere einzugehen; erwähnt sei noch die Rolle des Einhorns in der christlichen Überlieferung, insbesondere der marianischen Typologie. Dass Einhörner sich von einer reinen Jungfrau zähmen und in deren Schoss fangen lassen, ist das Motiv vieler Rittersagen. Von diesen Vorstellungen ausgehend, stellte man im Mittelalter die unbefleckte Empfängnis sinnbildlich als Einhornjagd dar: Der Erzengel Gabriel treibt in jagdlicher Ausrüstung mit seinen Hunden der Jungfrau Maria ein Einhorn zu. Dieses gelangte in der Folge in den Rang eines Christussymbols; das Horn wurde als «psychischer Phallus» bezeichnet, ein Sinnbild für das Eindringen des Göttlichen in das Kreatürliche.

Durch das ganze Mittelalter hindurch waren die Einhorn-Hörner, welche hauptsächlich vom Narwal oder von fossilen Mammutzähnen herstammten, eine begehrte, teuer bezahlte Ware. Sie sollen Pestkranke geheilt, Epilepsie und Tollwut bekämpft, Wasser entgiftet und die Potenz gesteigert haben. Als Emblem von Apotheken begegnet man dem Einhorn noch heute. Es hat auch seinen Platz in der Heraldik und – wie könnte es anders sein – in der Welt der Märchen.

Doch nun zurück ins *Paläolithikum*. Den Eiszeitjäger müssen die wuchtigen und wegen ihrer Schreckhaftigkeit aggressiven Nashörner stark beeindruckt haben. Dass sich ihm das Horn als phallisches Zeichen anbot, ist nicht zu bezweifeln und war Grund genug, die Tiere als Garanten der Zeugung und Wiedergeburt dem Kreis der männlichen Symbolträger einzugliedern.

Nach den Untersuchungen LEROI-GOURHANS begegnet man den Nashorndarstellungen in den Höhlenendungen oder am äusseren Rand der Bildflächen. In der Endzone der Grotte von Font-de-Gaume stösst man auf ein rot gemaltes Nashorn, dessen Behaarung deutlich wiedergegeben ist, wie auch am zottigen kleinen Kopf von Les Combarelles (Abb. 136 und 137).

Auf dem sog. «Nashornfries» von Rouffignac (Abb. 138) stehen drei schwarze Tiere hintereinander, während weitere Exemplare als Begleitfiguren den Gruppen von Bison und Pferd – manchmal auch Mammut – zugeteilt sind. Eine ähnliche Konstellation tref-

Nashörner mit angedeutetem Fell
Abb. 136   Font-de-Gaume

Abb. 137   Les Combarelles

Abb. 138   Nashornfries in Rouffignac

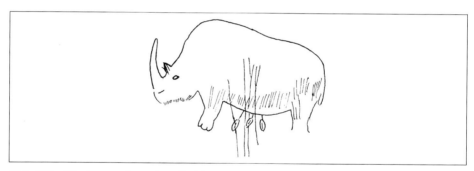

Abb. 139   Nashorn mit ovalem Zeichen und Strichen (La Colombière)

Abb. 140   Nashorn auf Schieferplatte graviert, Gönnersdorf (nach Müller-Beck)

fen wir in Les-Trois-Frères an, wo ein Nashorn die Ergänzung zu einer Bison-Pferd-Steinbock-Gruppe bildet.

Neben diesen Beispielen aus der Parietalkunst seien noch einige wenige aus der mobilen Kunst angeführt: ein Kiesel mit graviertem Nashorn aus dem Abri La Colombière (Abb. 139), eine Schieferplatte aus dem Fundplatz Gönnersdorf mit einem Nashorn in Angriffshaltung (Abb. 140) und ein skizzenhaft wiedergegebenes Tier auf einem Geweihfragment aus Le Placard. Unter den mehr als 2000 in der mährischen Freilandstation von Dolní Věstonice entdeckten Kleinplastiken (siehe dazu Seite 144) befand sich das etwa vier cm grosse Köpfchen eines Nashorns mit einem phallusförmigen Horn (Abb. 141).

H.-G. Bandi hat darauf hingewiesen, dass der spätere Tierbilderstil der ostspanischen Levante sich von der Eiszeitkunst ableiten lässt. So ist es nicht verwunderlich, dass das Nashorn auch dort auftauchte, obwohl es wahrscheinlich längst ausgestorben war (Abb. 142).

Abb. 141   Nashornköpfchen (Dolní Věstonice)

Abb. 142   Nashörner in Minateda (Provinz Albacete)

Bär

Auf der nördlichen Erdhälfte nimmt der Bär in der Hierarchie der Tiere die oberste Stellung ein und spielt in den religiösen Vorstellungen vieler Völker eine wichtige Rolle. Seine Grösse, seine Kraft, vor allem aber seine Fähigkeit zur aufrechten Haltung, haben die Menschen seit jeher beeindruckt. Als Sohlengänger lässt er mit den Hintertatzen eine Spur zurück, die derjenigen eines Menschen ähnlich sieht. Seinen Vorderarm kann er nach allen Seiten bewegen und mit den fünffingrigen Pranken die Nahrung geschickt zum Maul führen – übrigens ist er vorwiegend Rechtshänder. Für die Winterruhe gräbt er sich ein Lager, polstert es mit Laub und Moos und hält es sorgfältig rein. Es wird gesagt, dass er in Einehe lebt. Die Bärenmütter erziehen ihre Sprösslinge mit Hingabe und viel pädagogischem Geschick während etwa zwei Jahren. Meister Petz ist Allesfresser; sein Speisezettel erstreckt sich vom Grosswild bis zu Insekten und Pflanzen, wobei er aber eine Vorliebe für besonders gute Dinge zeigt und neben süssen Beeren gerne Honig nascht. Da alle diese Eigenschaften ihm eine gewisse Menschenähnlichkeit verleihen, ist es verständlich, dass Naturvölker ihn als mythischen Ahnherrn verehren und ihn «Waldmensch» oder «Grossvater» nennen. Nicht umsonst bringen Kinder ihrem Teddybären – dessen Vorbild allerdings der australische Koala war – so grosse Anhänglichkeit entgegen!

Wegen seines geheimnisvollen Verschwindens beim Herannahen des Winters und seines Wiedererscheinens im Frühling verkörpert der Bär in der Symbolik den Vegetationszyklus, Fruchtbarkeit und Wiedergeburt. Erotische Szenen bei den Bärenfesten asiatischer Völkerschaften weisen in diese Richtung, ebenso gewisse volkstümliche Überlieferungen. Ein junges Mädchen, das eine Bärenspur erblickt, soll noch im gleichen Jahr heiraten. Verschiedene Mythen handeln davon, dass ein Bär eine Frau raubt und mit ihr Kinder zeugt. Ein schwedischer Hochzeitsbrauch besteht darin, dass ein Mann im Fell eines Bären gejagt und zum Schein getötet wird, worauf die Brautleute sich zusammen auf das Fell setzen. Bärenjagd-Spiele wurden in Europa bis ins 20. Jahrhundert hinein durchgeführt, wobei man in drei Phasen das Jagen, Töten und Wiederbeleben des Tiers darstellte. Dass zu diesen Volksbräuchen alte magische Rituale – seien es Fruchtbarkeits- oder Totenkulte – die Wurzel bilden, ist offensichtlich.

Im alten China war der Bär als Tier mit haarigem Fell dem erdhaften weiblichen Yin zugeordnet, konnte aber auch – entsprechend dem ambivalenten Charakter der Symbole – Yang-Eigenschaften wie Stärke und Tapferkeit verkörpern (Abb. 143).

Die griechische Artemis, Göttin der Fruchtbarkeit, Schützerin der Geburten, Herrin der Tiere und in Beziehung zum Mond wie der Bär, genoss ursprünglich in dessen Gestalt Verehrung, und Mädchen in Bärenfellen vollzogen in ihren Tempeln kultische Handlungen. Die religiöse Entwicklung führte zur Ablösung der tiergestaltigen Gottheit durch ein menschliches Götterbild, wobei dem Bären als Attribut eine Rolle erhalten blieb.

In der Nähe von Bern ist die Bronzefigur einer keltischen Bärengottheit, eine der Dea Artio geweihte Gabe, gefunden worden (griechisch: arktos, keltisch: artos = Bär). Eine Frau mit Früchten auf dem Schoss sitzt einem Bären gegenüber, und ein Maulbeerbaum ergänzt als Symbol der Fruchtbarkeit die Szene (Abb. 144).

Den Kelten galt der Bär aber auch als Sinnbild der Kriegerkaste, die Skythen kannten einen bärengestaltigen Kriegsgott, und die Germanen glaubten, dass die Seelen tapferer Männer in Bären oder Wölfen weiterleben würden.

Die christliche Ikonographie weist nur wenige Bärendarstellungen auf, da in der Rolle des mächtigen und gefährlichen Tieres der Löwe vorherrscht. Man kennt ihn aber als Emblem von Heiligen, denen er sich oft hilfreich zeigt (Gallus, Gerold, Ursus) (Abb. 145). Seinem negativen Aspekt begegnet man an romanischen Kirchen, wo er im Dienst des Abwehrzaubers steht, das heisst als Dämon seinesgleichen durch Entgegenhalten des eigenen Bildes abschreckt.

Heutzutage tritt uns der Bär als beliebtes Wappentier entgegen, das besonders im Kanton Bern mannigfache Gelegenheiten zur Identifikation bietet und im Bärengraben Tausende von Besuchern anlockt. Und jedes Berner Dorf, das etwas auf sich hält, führt einen Bären im Wirtshausschild!

In der Volksmedizin wurden verschiedene Organe der Bären verwendet. Da man den Bären Kenntnisse in der Kräuterkunde zuschrieb, brauchte man die von ihnen gewählten Pflanzen und

Abb. 143 Bärenfigur mit Spiralornament, Gefäss für Wein, 5.-6. Jh. n. Chr. (Nanking)

Abb. 144 «Dea Artio», kelto-römische Weihgabe, 2. Jh. v. Chr. (Hist. Museum Bern)

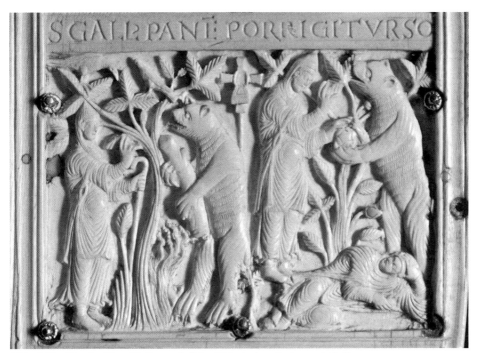

Abb. 145   Der heilige Gallus mit Bär, Elfenbeinschnitzerei, 9. Jh.

Wasser, in dem sie gebadet hatten, zu Heilzwecken. Der Glaube an die wiederbelebende Wirkung von Bärenfett beruhte wohl auf der Wiedergeburtssymbolik. Dass solche Meinungen nicht nur der Vergangenheit angehören, ist heute noch mancherorts zu sehen; auf dem Markt von Urumqui in Sinkiang zum Beispiel werden mumifizierte Bärentatzen zum Kauf angeboten!

Der Höhlenbär

Zu Beginn der letzten Eiszeit lebte der Höhlenbär, der mit einer Körperlänge von 3,4 m und einer Höhe bis zu 1,5 m sogar die heutigen Alaskabären an Grösse übertraf und sich auch durch die vorgewölbte Stirne vom Braunbären unterschied (Abb. 146). Er bildete zum Teil das Jagdwild des Neandertalers, der übrigens die gleichen Höhlen als Wohnstätten beanspruchte. In den von Bären besuchten Höhlen fand man unzählige Überreste ihrer Skelette, Schliffe vom Scheuern des Fells und Kratzspuren vom Schärfen der Krallen.

Da besonders in Höhlen des alpinen Gebiets Schädel und

Abb. 146 Rekonstruktion eines Höhlenbären

Langknochen der Höhlenbären in auffälligen Anordnungen angetroffen wurden, meinten mehrere Forscher – vor allem H. BÄCHLER, der von 1903-22 im Wildkirchli, im Wildmannlisloch und im Drachenloch in der Schweiz Ausgrabungen machte –, der Neandertaler habe einen Bärenkult gekannt oder Bärenopfer dargebracht. Bärenzeremonielle gibt es bei Naturvölkern des arktischen und subarktischen Kulturkreises wie den Ursibirern, den ostasiatischen Ainus, den Indianern Nord-Amerikas usw. Sie befolgen bei der Tötung des Bären differenzierte Rituale, um ihm Ehrerbietung zu erweisen, ihn zu versöhnen und über die Identität seiner Töter zu täuschen. Die Überreste des Tiers, insbesondere die Schädel, werden rituell beigesetzt oder aufbewahrt. Diese Massnahmen sollen bewirken, dass der «Herr des Waldes» weitere Jagdtiere zur Verfügung stellt. Zum gleichen Zweck werden junge Bären gefangen, sorgfältig aufgezogen, später rituell getötet und zum Schein mit der Bitte um Fürsprache dem «Herrn des Waldes» zurückgegeben.

Es lag nun nahe, diesen Komplex der Bärenrituale auf das Paläolithikum zu übertragen. Namhafte Wissenschafter wie

H.-G. BANDI, E. KOBY und LEROI-GOURHAN wiesen aber darauf hin, dass die Knochen- und Schädeldeponien in den Höhlen nicht unbedingt von Menschen in kultischer Absicht angeordnet sein müssen, sondern das zufällige Werk der Bären selbst sein könnten, die dort ihre Winterlager zurechtmachten oder die Höhlen als Sterbeplätze aufsuchten.

Der Höhlenbär ist vor etwa 25 000 Jahren ausgestorben.

Der Braunbär in der Eiszeitkunst

Bei den Bärenbildern der Eiszeitkunst handelt es sich, abgesehen von wenigen Exemplaren, die auch als Höhlenbären angesehen werden könnten, um den Braunbären. LEROI-GOURHAN schreibt über seinen Stellenwert: «... c'est un des représentants du groupe le plus secret avec le grand félin et le rhinocéros ...». Dementsprechend ist er an verborgenen Stellen der Höhle anzutreffen, in den Rand-, Zwischen- und Endzonen.

Die Eiszeitjäger kannten den Bären als starkes, gefährliches, in mehreren Beziehungen menschenähnliches Tier. Wie das Wachsen und Abnehmen des Mondes haben sie im Lauf der Jahreszeiten auch sein Verschwinden und Wiederauftauchen mit Ergriffenheit beobachtet und ihm eine wichtige Rolle im Totenkult und bei den Initiationsriten zugedacht. Aus der Volkskunde bietet sich als Parallele zu den letzteren eine von M. ELIADE beschriebene Einweihungszeremonie der südkalifornischen Pomo-Indianer an: in deren Verlauf agiert der Medizinmann als sog. «Bear-Doctor» im Fell eines Grislybären. Eine sexualsymbolische Bedeutung des Bären kann auf das Vorhandensein eines Penisknochens und die häufig wiederholte, bis zu einer halben Stunde dauernde Kopulation zurückzuführen sein.

In der Höhle von Montespan entdeckte man die etwa einen Meter lange grobe Lehmskulptur eines Bärenkörpers ohne Kopf. Als der Fund gemacht wurde, lag zwischen den Vordertatzen der Schädel eines jungen Bären, woraus man schliesst, dass für gewisse Riten die Plastik mit einem Bärenfell samt Kopf überdeckt worden sei. Mehrere Löcher an den Seiten und am Hinterteil der Figur könnten von wiederholten zeremoniellen Verwundungen oder von magischem «Anschlagen» herrühren.

Dass natürliche Gesteinsformationen die Künstler inspirierten,

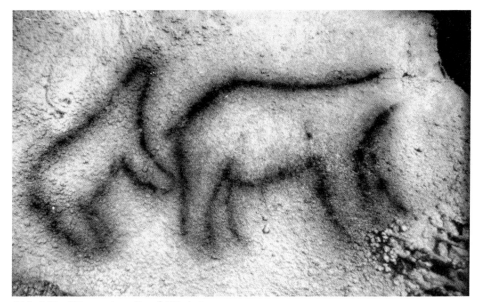

Abb. 147　Bären ohne Kopf (Ekain)

Abb. 148　Gruppe mit Bär in Santimamiñe (nach Leroi-.Gourhan)

zeigt in der kleinen Grotte von Tibiran eine aus dem Felsrelief mit schwarzen Umrisslinien hervorgehobene Bärenfigur.

In einer Nische der Höhle von Ekain trifft man zwei schwarz gemalte Bären ohne Köpfe an. Da beim kleineren Tier der Hals mit der Umrisslinie endet, muss man annehmen, dass der Kopf absichtlich weggelassen wurde (Abb. 147) (siehe auch dazu Seite 198).

Abschliessend noch ein weiteres Beispiel aus Spanien: auf Stalagmitenablagerungen der Höhle von Santimamiñe ist ein etwas unbeholfen gemalter Bär mit Hirsch und Steinbock kombiniert (Abb. 148).

Nach dem in der Magie gültigen Gesetz des «pars pro toto» genügt die Tatze oder sogar nur deren Spur, um das ganze Tier und dessen Kraft zu vergegenwärtigen. Bärentatzen werden von zentralasiatischen Naturvölkern zur Abwehr böser Geister über den Eingang der Behausungen gehängt – oder an die Wiegen, wo sie als «Schutzengel» über das Wohl der Kinder wachen. Heutzutage pflegen wir uns Symbole in Form von Backwaren einzuverleiben: Wir essen Hörnchen als Abbilder des wachsenden Mondes (croissants), Brötchen, die mit ihren Zacken an das Gesäuge von Muttertieren erinnern und solche, die von weiblichen Zeichen der Eiszeitkunst nicht weit entfernt sind. Besonders gut schmecken die süssen «Bärentatzen»!

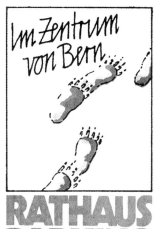

Abb. 149 «Pars pro toto» ... im «Salon Noir» von Niaux

Abb. 150 ... im Wappen von Büren an der Aare

Abb. 151 ... in der modernen Werbung

Im Salon Noir von Niaux ist einer Gruppe aus Steinbock und Rind mit V-förmiger Wunde eine von LEROI-GOURHAN als «rätselhaft» bezeichnete Gravierung beigefügt, die jedoch dem Abdruck einer Bärenvordertatze entsprechen dürfte. Solche Spurenzeichen sind auch aus Abris und Höhlen der Dordogne bekannt. Die

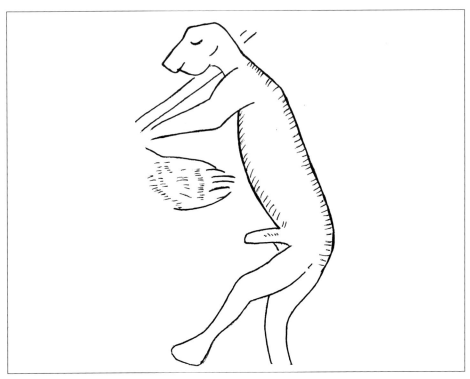

Abb. 152 Gravierung auf Knochenscheibe, Mas d'Azil (nach J. Jelínek)

kleine Grotte mit dem phantasievollen Namen «l'Oreille d'Enfer» enthielt auf einem Felsgesimse, das abgetragen und in das Museum von Les Eyzies übergeführt wurde, sechs Exemplare, weitere gibt es in Blanchard, Castanet, Laussel und Le Poisson. Die Künstler ahmten den Fussabdruck eines Bären mit dem Einschlagen einer rundlichen Vertiefung nach, die sie mit kleineren, den Zehenballen entsprechenden fünf Einschlägen vervollständigten (Abb. 149 bis 151).

Dass der Bär mit Zeugungs- und Wiedergeburtsmagie im Zusammenhang stand, bestätigen die Gegenüberstellungen von Tatze und Phallus, wie sie im Abri Blanchard und auf dem Knochenplättchen aus dem Mas d'Azil (Abb. 152) zu sehen sind, von dem im Kapitel über Magie die Rede war. In der gleichen Absicht wurden auch Vulven, Phalli und Bärenköpfe assoziiert (Abbildungen S. 80).

Das erste Bild eines Bären entdeckte man auf einem Objekt der Kleinkunst, einem Kiesel aus Massat, der im Museum von Foix

Abb. 153   Bär auf Kiesel graviert (Massat)

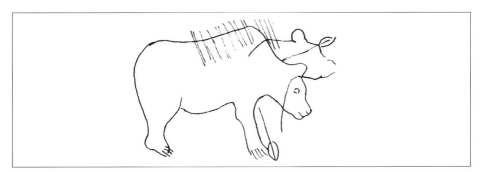

Abb. 154   Bär mit Zeichen (La Colombière)

zu besichtigen ist (Abb. 153). Auf der Rückseite der im vorangegangenen Kapitel beschriebenen Gravierung eines Nashorns kann man in einem Gewirr gekritzelter Linien zwei Bären und zwei Pferde unterscheiden (Abb. 154). Die Bären sind wie das Nashorn mit Zeichen versehen, die aus naheliegenden Gründen als Pfeile gedeutet wurden. Vergleicht man diese aber mit abstrakten Sexualsymbolen aus anderen Darstellungen, wird man in ihnen unschwer Zeichen erkennen, die als magische Helfer im Dienste der Wiedergeburt standen (Ovale und Striche) (Abb. 154).

Bären wurden auch als Anhänger und als kleine Tonfiguren angefertigt.

Raubkatzen (Feliden)

In der Tiefenpsychologie verkörpern die Raubkatzen den Archetyp der «Grossen Mutter», der Gebärerin und Verschlingerin, aus der alles Leben quillt und in die es wieder eingeht.

Ein Sakralgefäss aus der chinesischen Shang-Dynastie gibt uns ein anschauliches Beispiel dieser Vorstellung: Ein Tiger, dem die dunklen, fruchtbaren Kräfte des Yin innewohnen, hält einen kleinen Menschen bergend an der Brust. Er hat ihn aus seinem weitaufgerissenen Rachen zur Geburt oder Wiedergeburt an das Licht der Welt entlassen.

Der Jaguar spielte eine dominierende Rolle in den Religionen Alt-Amerikas, und seine Bildwerke, die zum Teil als Altäre dienten, lassen uns mit Schaudern an die blutigen Opferriten der präkolumbianischen Völker denken (Abb. 155).

Die alten Ägypter sahen im Löwen ein Sonnentier, das in Analogie zum Auf- und Niedergang des Gestirns die Wiedergeburt versinnbildlichte. Sie gaben ihren Totenbahren deshalb oft die Gestalt von Löwen oder versahen sie zumindest mit Löwenfüssen, was wir bis vor einigen Jahrzehnten mit unsern Badewannen auch getan haben! Ihrer Stärke und abschreckenden Wirkung wegen wurden Löwen als Wächter eingesetzt; ihre Abbilder bewachten Tempel und Gräber, ein Gott mit zwei Löwenköpfen die Unterwelt.

Wenn man auf Grabmälern der Antike einem Löwen begegnet, ist er als Symbol der lichten Sonne und deren Sieg über die Finsternis des Todes aufzufassen. In etruskischen Grabkammern wird der dunkle Gegenpol in Gestalt eines gefleckten Cerviden – Ebenbild des gestirnten Nachthimmels – wiedergegeben, während die Römer auf ihren Stelen den mondgehörnten Stier als Verkörperung der Todesnacht auftreten lassen.

In der indischen Mythologie hat der Löwe zwei gegensätzliche Aspekte: Er ist als gefährliches Raubtier dem zerstörenden Gott Shiwa zugeordnet, andrerseits aber auch eine Erscheinungsform des erhaltenden Gottes Vishnu.

Abb. 155   Jaguar als Opfertisch, im Innern der Pyramide von Chichén Itzá (Mexiko)

Abb. 156   Löwe als Säulenträger (San Zeno, Verona)

Diese Ambivalenz kommt besonders in der christlichen Symbolik zum Ausdruck, wo der Löwe sowohl Sinnbild des auferstandenen, siegreichen Christus als auch des Antichrists sein kann. Seiner apotropäischen Eigenschaften wegen sieht man den Löwen als Hüter des Lebensbaums. An den Portalen romanischer Kirchen hält er ein Opfer, Mensch oder Tier, in den Klauen, wird aber oft in den Dienst der Kirche gestellt, indem die Säulen des Portikus auf seinem Rücken ruhen (Abb. 156). Als Sinnbild des Satans erscheint er in der Bibel bei Petrus (1, 5, 8): «Seid nüchtern und wachet, denn euer Widersacher, der Teufel, geht umher wie ein brüllender Löwe und sucht, welchen er verschlinge.»

Als weltliches Emblem verkörpert der Löwe die Macht und ist zum wichtigsten Tier der Heraldik geworden.

Die Darstellungen der *Eiszeitkunst* betreffen Höhlenlöwen, die damals in Europa verbreitet auftraten. Ihr Geschlecht lässt sich kaum bestimmen. Obwohl es sich auf den ersten Blick um weibliche Tiere zu handeln scheint, muss man bedenken, dass die unauffällige Mähne nicht als Merkmal der Männchen gedeutet werden kann. Die Feliden zählen zu den geheimnisumwitterten Symbolträgern und sind, wie Bär und Nashorn, in den Rand- oder Endzonen der Höhlensysteme abgebildet.

Einmalig in der gesamten Parietalkunst ist die Wiedergabe von Raubkatzen im sog. «Kabinett der Katzen», einem langen Gang mit über 30 Tierfiguren und zahlreichen Zeichen am äussersten Ende der Höhle von Lascaux (Abb. 157). In einer gravierten Komposition sind drei Feliden mit dem Thema Bison-Pferd-Steinbock und mehreren Strich- und Hakenzeichen in Beziehung gebracht. Ein Tier zeichnet sich durch eine typische Verhaltensweise der Männchen aus: es markiert sein Territorium mit einem Harnstrahl.

In der Grotte Les Trois-Frères fasziniert vor allem ein in Vorderansicht gemalter, etwa 50 cm grosser Felidenkopf (siehe hinten Abb. 230). Das Tier scheint den Besucher, der es gewagt hat, in die Abgeschiedenheit und Finsternis der geheimsten Höhlenteile vorzudringen, mit riesigen Augen aus der Tiefe der Zeit anzustarren!

Die Höhle von Font-de-Gaume bietet geradezu ein Schulbeispiel für das Anbringen der Felidenbilder in der Endzone (Abb. 158). Nachdem sich die korridorartige Grotte immer stärker verengt hat und schliesslich in eine Sackgasse mündet, stösst man

Abb. 157   Feliden und Zeichen (Lascaux)

Abb. 158   Raubkatze und Pferdegruppe (Font-de-Gaume)

auf einen Löwen, der mehreren Pferden gegenübersteht und an der Vorderflanke von einem Pferdekopf überschnitten wird, was auch bei einer Grosskatze in Les Combarelles festzustellen ist.

Seltener erscheint das Thema Löwe auf *mobilen* Gegenständen. Aus der kleinen Pyrenäenhöhle La Vache stammt die Ritzzeichnung einer Raubkatze auf einem Knochenstück, eine äusserst sorgfältige und künstlerisch wertvolle Arbeit. Leider sind wegen Beschädigungen von zwei weiteren Tieren nur noch ein Hinterteil und eine Schnauze zu sehen (siehe hinten Abb. 231).

Ein Löwenköpfchen mit Einschlägen über dem Auge und dem Ohr, sowie eine Löwenfigur aus Elfenbein befinden sich unter den zahlreichen Kleinplastiken von Dolní Věstonice. Auch deutsche Aurignacien-Funde enthalten einige, z.T. mit Punkten, Kerben und X-Zeichen markierte Raubkatzenfiguren.

Besondere Beachtung verdient eine aus mehreren Bruchstük-

Abb. 159 Löwenmensch aus dem Aurignacien (Hohlenstein-Stadel)

Abb. 160 Löwenmensch aus dem 16. Jh. n. Chr. (Vicenza, I)

ken zusammengesetzte Figur aus Mammutelfenbein (Abb. 159): Auf dem aufrechtstehenden Körper eines Mannes sitzt ein Löwenkopf, womit wohl dessen Kräfte auf den Menschen übertragen werden sollten.

Die Rolle der Feliden im Totenkult der Eiszeitjäger scheint nicht auf dem mütterlichen Aspekt, sondern auf männlichen Eigenschaften zu beruhen. Da die Tiere in den Höhlenendungen anzutreffen sind, die offenbar ihrer Beschaffenheit wegen das weibliche Prinzip verkörperten, kann man sie als männliche Ergänzung deuten. Die gespensterähnlichen, manchmal tierhaft verfremdeten Männergestalten der Parietalkunst sind ebenfalls zum grössten Teil in den Endzonen angebracht.

Fisch

Wie der Fisch geschmeidig sich jedem Zugriff entwindet, ist auch seine symbolische Bedeutung nicht leicht zu fassen.

Da ist einmal seine erstaunliche Vermehrungsfähigkeit – Lachse geben bei einem Laichvorgang bis zu 25 000 Eier ab – die ihn zum Sinnbild der Fruchtbarkeit und Lebensfülle werden lässt. Nach einem europäischen Volksglauben sollen deshalb Eheleute, die sich Kindersegen wünschen, am Silvester Gebäck in Form von Fischen essen.

Von einem glücklichen Ehepaar sagten die alten Chinesen, es kenne die «Freuden von Fisch und Wasser», wobei letzteres als Symbol der Weiblichkeit galt und dem Wort «Fisch» der Nebensinn von «Penis» eignete.

Damit treffen wir auf einen weitern symbolischen Aspekt des Fisches, der auf Analogie zum Phallus beruht. Ein Märchen der italienischen Renaissance erzählt, wie eine Prinzessin von einem Fisch schwanger wird. Liebes- und Fruchtbarkeitsgöttinnen, Aphrodite und Freya, dient er als Attribut, und im Bezug zum indischen Shiwa verkörpert er die göttliche Omnipotenz.

Der französische Ethnologe und Afrikakenner MARCEL GRIAULE berichtet, dass die Bozo, ein altes Fischervolk am Niger, ihr Beschneidungsmesser «le couteau coupant le poisson» nannten.

Eine Darstellung aus dem mittleren Sepik Neu-Guineas zeigt zwei gegen die Vulva einer weiblichen Figur gerichtete Fische (Abb. 161). Da sexuelle Motive gehäuft in der funeralen Kunst der Sepik-Kultur auftreten, gelangen wir hier aus der allgemeinen Fruchtbarkeitssymbolik in den Bereich des Totenkults und der Wiedergeburtsmagie. Aufschlussreich ist in diesem Zusammenhang die Vorstellung australischer Ureinwohner, dass die Toten als kleine Fische in den Leib von Frauen eindringen, um dann wiedergeboren zu werden.

Dem Wesen archetypischer Bilder entsprechend, taucht das Thema Fisch völkerverbindend auf. Nach Asien, Afrika und

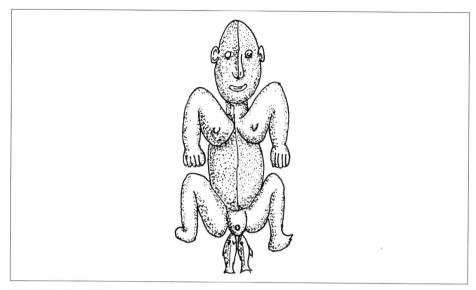

Abb. 161   Relieffigur des mittleren Sepik (Neu-Guinea) (nach Charrière)

Australien wenden wir uns nochmals Europa zu, um eine Grabbeigabe aus dem antiken Griechenland zu betrachten. Auf einer gemalten böotischen Vase aus dem 7. Jahrhundert v. Chr. steht ein Fisch aufrecht zwischen den Beinen einer stilisierten weiblichen Figur, die von Sinnbildern der Erneuerung wie Hakenkreuz, Spirale, Schlange und Wasservogel umgeben ist (Abb. 162).

Es scheinen sich im Totenkult verschiedene symbolische Aspekte des Fisches zu überschneiden: Einerseits sollte er die zur Wiedergeburt erforderliche Zeugung als phallisches Symbol magisch beeinflussen, andrerseits bot er durch sein Tauchen in abgründige Tiefen ein Gleichnis für den vorübergehenden Aufenthalt der Toten in den Wassern der Unterwelt. In diesem Zusammenhang diente er als Opfergabe für die Verstorbenen und die unterirdischen Götter.

Der Fisch hat in die christliche Symbolik Einzug gehalten und wurde in den ersten Jahrhunderten unserer Zeitrechnung häufig dargestellt. Wer den christlichen Glauben angenommen hatte und durch Untertauchen im Taufwasser symbolisch zu neuem Leben erweckt worden war, hiess «Fisch», während man die Taufe als «Fischfang» bezeichnete. In einer andern Anschauung galt der Fisch als Sinnbild für Christus selbst, den man im Gegensatz zu den Gläubigen den «Grossen Fisch» nannte. Dies mag auf sein

Abb. 162   Malerei auf Amphore, 7. Jh. n. Chr. (Nationalmuseum Athen)

Abb. 163   Etruskischer Ketos

Wirken im Taufwasser zurückzuführen sein, oder – einer intellektuellen und sekundären Deutung zufolge – auf die Buchstaben der griechischen Vokabel «Ichthys» (Fisch), die eine Geheimformel für die Bezeichnung «Jesous Christos Theou Hyios Soter» (Jesus Christus Gottes Sohn Retter) ergeben. Bekanntlich wurde der Fisch auch zur eucharistischen Speise.

In seinem negativen Aspekt erscheint der Fisch als Meeresungeheuer, und sein Maul steht für den alles verschlingenden Todes- oder Höllenrachen. Ketos, der fischschwänzige Drache der Etrusker und der Leviathan des alten Testaments gehören zu seinen Vertretern (Abb. 163).

In der *Eiszeitkunst* ist der Fisch an den Höhlenwänden relativ selten anzutreffen. Er zählt nach LEROI-GOURHAN zu den männlich determinierten Tieren, was im Hinblick auf seine symbolische Wertigkeit vorgegeben scheint. Die Meinung LEROI-GOURHANS wird durch eiszeitliche Darstellungen bestätigt, auf denen eindeutig das männliche Geschlecht der Tiere festzustellen ist. Wie schon erwähnt, kannte der Eiszeitjäger die besonderen Merkmale, durch die sich während der Laichzeit die männlichen Salmoniden von den Weibchen unterscheiden.

Zu den künstlerisch wertvollen Werken gehört das ca. 1 m lange Relief eines männlichen Salms in der Gorge-d'Enfer (Abb. 164). In jüngerer Zeit wurde der vergebliche Versuch gemacht, die geschmückte Felspartie herauszuschlagen und zu entwenden. Auf dem Lehmboden des «Salon Noir» von Niaux begegnet man einem weitern Fisch, der mit Fettflosse, Seitenlinie und hakenförmigem Kiefer genau als Lachs charakterisiert ist, und über 200 km von Mittelmeer und Atlantik entfernt, trifft man im Mas d'Azil auf gravierte Schollen, die von den Ortsveränderungen der Cro-Magnon-Menschen Zeugnis ablegen.

Weitere Beispiele bieten spanische Höhlen: ein gemalter Fisch von 1,5 m Länge in der Endzone von La Pileta, wo eine Quelle entspringt, ein Salmonide mit einer kleinen Fettflosse in Pindal. In Las Monedas hat der Künstler auf ein fischförmiges Felsstück ein Pferd gemalt, eine Kombination, die in der Kleinkunst mehrmals vorkommt und einer besonderen symbolischen Aussage dient.

Von den *mobilen* Gegenständen der Eiszeitkunst sind vor allem Lochstäbe, Spateln, Plättchen, Harpunen und Speerschleudern mit dem Fisch-Motiv verziert. Phallusförmige Lochstäbe mit Fischdekor lassen keinen Zweifel an der symbolischen Bedeutung aufkommen (La Pileta, Bruniquel), ebensowenig ein fischförmiger Spatel, dessen Schuppen wie Vulven aussehen (Saint-Marcel). Um eine schöne Schnitzarbeit handelt es sich bei einem Spatel mit einem typischen Salmoniden aus Les Eyzies (Abb. 165).

Da man sich vom doppelten Einsatz von Symboltieren offensichtlich eine Erhöhung der magischen Wirkung erhoffte, fügte der Künstler auf einer Speerschleuder einem Lachs noch einen Bären hinzu. Der Bär als magischer Helfer bei der Zeugung: Diesem Thema sind wir bereits auf einem Lochstab begegnet, auf

Abb. 164　Relief eines Salmoniden (Gorge d'Enfer)

Abb. 165　Spatel mit Fischmotiv (Les Eyzies)

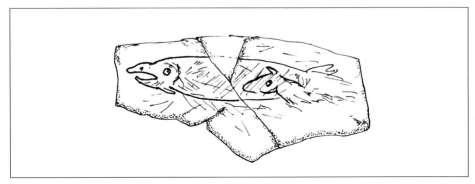

Abb. 166　Salmonide und Pferd, Gravierung aus Les Trois-Frères

Abb. 167   Gravierung auf Lochstab (Lorthet)

dem ein Bärenkopf gegen einen Phallus gerichtet ist (siehe Seite 80).

Wenn auf zahlreichen Darstellungen Fisch und Pferd gekoppelt sind, bekräftigt dies die Annahme, dass im Totenkult das letztere als Stellvertreter des Verstorbenen gedacht und der Fisch ihm als phallisches Symbol zugeteilt war. Einen Pferdekopf innerhalb der Fischkontur finden wir in Stein (Les Trois-Frères) (Abb. 166) und auf Knochen (Laugerie-Basse) eingraviert. Auf dem zweiten Objekt sind vor dem Maul des Pferdes drei Striche angebracht, die allgemein als «Atemstriche» bezeichnet werden. Ihre Dreizahl lässt aber an eine symbolische Bedeutung denken, umso mehr, als auch einige andere Tierdarstellungen diese Besonderheit aufweisen.

Zu den verschiedensten Deutungen hat die schöne Gravierung auf dem Fragment eines Lochstabs aus Lorthet Anlass gegeben (Abb. 167). Vor allem sind sich die Forscher nicht darüber einig, ob es sich bei den dargestellten Cerviden um Rene oder um Hirsche handelt. Das Bild hiess zuerst «Défilé de Rennes», wofür die schaufelartige Verbreiterung der Geweihenden und die kleinen Ohren sprechen, dann wurden die Tiere aufgrund der zwei Augensprossen als Hirsche bezeichnet. Wie dem auch sei, wichtig ist hier die Zuordnung von Fischen und Rhomben als Sinnbilder des männlichen und weiblichen Prinzips. Die Angst des Menschen vor dem Tod und der Wunsch, ihn als Übergang in ein neues

Abb. 168   Malerei auf argivischem Krater, 8. Jh. v. Chr. (nach A. Roes)

Leben erfahren zu können, haben mehr als zehntausend Jahre später zu ähnlichen Bildern geführt. Betrachten wir ein Beispiel aus der archaischen Epoche Griechenlands: Auf einem Krater aus Argos richtet sich ein Fisch gegen das Zeugungsorgan eines Pferdes, und Rauten liefern in diskreter Verschlüsselung die zur Wiedergeburt notwendige weibliche Ergänzung (Abb. 168).

In der Absicht, die Kontinuität mythischer Vorstellungen deutlich zu machen und die wichtige Rolle der Fische im Totenkult zu belegen, sei noch ein Beispiel aus dem chinesischen Neolithikum (5. Jahrtausend v. Chr.) beigefügt. Es geht dabei um die abstrahierte Verzierung einer Keramikschale, die als Deckel für die Graburne mit den sterblichen Überresten eines Kindes gedient hatte. Ein Fisch schwimmt auf eine menschenähnliche Maske mit flossenartigen Anhängseln zu, ein Motiv, dem man auch auf etwas später zu datierenden Fundstücken begegnet (Abb. 169).

Abb. 169   Bemalte Yangshao-Keramik, 5. Jt. v. Chr. (Banpo-Museum, Xi'an)

Vogel

Die Verschiedenartigkeit der Vogelwelt bedingt eine vieldeutige Symbolik. Obwohl Adler, Eule, Taube und Ente – um nur einige Beispiele zu nennen – als Angehörige der gleichen Tierklasse gelten, sind sie Symbolträger von unterschiedlichster Bedeutung.

Als eierlegende Tiere zählen viele Vögel zu den Symbolen der Fruchtbarkeit, während das Ei in den meisten Schöpfungsmythen als Ursprung allen Werdens erscheint und in Mysterien zum Sinnbild der Wiedergeburt wird. Die auffälligen Balzrituale, welche der Paarung vorangehen und die zur Aufzucht der zahlreichen Jungen erforderliche Bindung zwischen den Elterntieren festigen, verleihen den Vögeln eine sexualsymbolische Bedeutung. Der Tanz der Kraniche, die Balz der Auerhähne bieten dazu eindrucksvolle Beispiele.

Da die Vögel sich in die Lüfte erheben können, sah man in ihnen Boten zwischen der untern und obern Welt und ein Gleichnis für die Seelen, die den Leib verlassen, um ins Jenseits aufzusteigen. In der Inkarnationslehre verkörpert der Vogelzug die Wanderung der Seele von Körper zu Körper.

Der mythische Vogel Phönix verbrennt sich selbst auf einem Altar und fliegt, den Sieg des Lebens über den Tod offenbarend, nach drei Tagen erneuert aus der Asche auf. Als Gleichnis für die Auferstehung Christi wurde er in die christliche Ikonographie aufgenommen, wie der vieldeutige Pfau, von dem man glaubte, sein Fleisch sei unverweslich, und der die Unsterblichkeit der Seele versinnbildlichte.

Im folgenden wird die symbolische Aussage jener Vogelarten besprochen, die im eiszeitlichen Totenkult eine Rolle spielten.

Ihrer nächtlichen Lebensweise entsprechend, gehören die *Eulen* zu den lunaren Symbolträgern. Im alten Ägypten bedeutete die Eule als Hieroglyphe «Kälte», «Nacht», «Passivität» und «Tod». Bei den Opfergefässen aus Bronze, die den Herrschern der chinesischen Shang-Dynastie mit ins Grab gegeben wurden, finden sich dieselben Symboltiere wie in der Eiszeitkunst. Die Eule vertrat die dunklen, erdgebundenen Yin-Kräfte, wurde aber in einer spätern Anschauung zum Sinnbild des Yang, was in Anbetracht der Ambivalenz aller Symbole nicht als Widerspruch aufgefasst werden darf (Abb. 170).

Abb. 170 Sakralbronze, Shang-Dynastie

In der präkolumbianischen Kultur war die Eule einerseits als Verkörperung des regenbringenden Mondes und andrerseits als Erscheinungsform eines Unterweltgottes eng verbunden mit Fruchtbarkeit, Nacht und Tod.

Die griechische Mythologie verlieh der Eule freundlichere Züge. Da sie im Finstern sehen kann, galt sie für weise und war Attribut der Pallas Athene. Einer heute noch gültigen Redensart zufolge ist es überflüssig, weitere Exemplare nach Athen zu tragen... Weniger bekannt ist ihre Beziehung zur Parze Atropos, die den Lebensfaden abschnitt; hier ist die symbolische Verbindung mit dem Tod offensichtlich.

Mit dem Kult der Minerva (Pallas Athene) übernahmen Römer und Kelten die Eule als Symboltier, wovon eine hübsche Fibel aus dem Tempelbezirk von Petinesca (CH) Zeugnis ablegt (Abb. 171).

Den Indianern Nord-Amerikas kündet der Ruf der Eule ihr nahendes Ende an, wie auch im hiesigen Volksglauben das Käuzchen mit seinem klagenden Schrei als Vorbote des Todes angesehen wird.

Den *Wasservögeln* eignet ein besonders hoher symbolischer Stellenwert, da sie in den drei Elementen Wasser, Erde und Luft – oder sinnbildlich verstanden auf drei Daseinsebenen – heimisch sind. Ihr Tauchen in die Tiefe des Wassers und ihr Flug in Himmelshöhen wurden im analogischen Denken dem Abstieg in die Unterwelt und der Auferstehung in ein neues Leben gleichgesetzt. Darüber hinaus verhiessen der jahreszeitliche Aufbruch der Zugvögel und ihre Wiederkehr aus unbekannter Ferne den Menschen eine Wiedergeburt nach dem Aufenthalt im finstern Reich des Todes.

Auf die wesentliche Rolle der Wasservögel im Totenkult kann bereits aus neolithischen Funden geschlossen werden. In der Doppelbestattung einer jungen Frau und eines Neugeborenen lag das Kind auf ausgebreiteten Schwanenflügeln (Fund von Nord-Zealand, Dänemark, beschrieben von E. KJERSGAARDS, 1982). Wasservögel zieren ein Alabastergefäss aus der Nekropole von Phaestos, das ins 13. Jahrhundert v. Chr. zu datieren ist.

Kultgeräte in Gestalt von Schwimmvögeln gab es in verschiedenen Epochen, so z. B. eine Keramik aus dem Gebiet des Zürichsees (etwa 1000 v. Chr.) und ein etruskisches Gefäss aus dem 4. Jahrhundert v. Chr (Abb. 172 und 173). Die funerale Kunst der

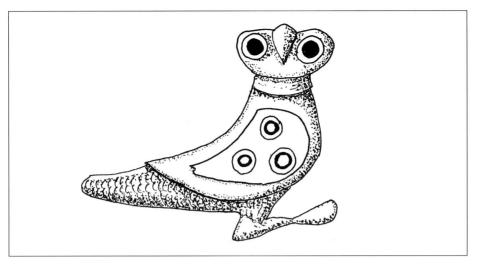

Abb. 171   Emaillierte Eulenfibel aus Petinesca (Museum Schwab, Biel, CH)

Abb. 172   Wasservögel als Kultgefässe
Bronzezeitlich (Landesmuseum Zürich)

Abb. 173   . . . Etruskisch
(Museo Guarnacci, Volterra)

Etrusker bedient sich häufig des Entenmotivs, da zu ihren Jenseitsvorstellungen die Reise der Seelen durch das Wasser gehört. Enten erscheinen in der chinesischen Kunst seit den frühen Dynastien auf Sakralbronzen, später als Jadefiguren und Dekor von Keramiken.

Und hier noch ein bedeutsamer Hinweis auf den symbolischen Wert der Schwimmvögel, den uns die Verzierung einer griechischen Vase liefert. Unter dem Schwanz eines Schwans steht die dreifach ausgezogene Spitze eines nach oben gerichteten Dreiecks, ein altes Symbol der Männlichkeit (Abb. 174). Darüber sind als weibliche Ergänzung Rhomben gezeichnet, während vor der Brust des Vogels ein Hakenkreuz beigefügt ist, welches die Wiedergeburt versinnbildlicht. Die ganze Komposition lässt sich als Ausdruck der Hoffnung auf ein ewiges Leben leicht entschlüsseln.

Weitere symbolische Aspekte der Wasservögel seien nur in Kürze gestreift. Oft bewohnen sie Sümpfe – in mythischer Sicht Orte besonderer Fruchtbarkeit – und erscheinen deshalb in Ursprungsmythen. Der ägyptische Urgott soll z. B. in einem Sumpf aus dem Ei einer Gans hervorgegangen sein und wurde in Gestalt einer solchen dargestellt. Der Storch galt im alten Griechenland als Symbol der zeugenden Kraft, wobei er sowohl in archaischen Phalluskulten als auch in vergeistigten Mysterien auftrat. Im Zeichen der Fruchtbarkeit steht noch heute unser Klapperstorch, wenn er die Frauen ins Bein beisst und die kleinen Kinder bringt ...

In den Mythen verschiedener Kulturkreise spielen Wasservögel die Rolle von Vermittlern zwischen der diesseitigen und der jenseitigen Sphäre. In diesem Amte wohlbekannt ist uns der Schwan des Lohengrin.

Den Schamanen ermöglichen die Tauchvögel als Hilfsgeister den Abstieg in die Unterwelt, weshalb an der Tracht Federn oder andere Vogelattribute angebracht werden.

In der *Eiszeitkunst* wird das Vogelmotiv auf Wandbildern selten verwendet. Aus den entsprechenden Darstellungen sticht besonders das etwa 90 cm grosse Bild dreier Eulen in einer Seitengalerie von Les Trois-Frères hervor. Die Tiere schauen den Betrachter aus grossen Augen an und lassen ihn im geheimnisvollen Dunkel des Höhleninnern an ihre übersinnlichen Kräfte glauben. Soll der Jungvogel in der Mitte aussagen, dass im Totenreich eine Neugeburt stattgefunden hat? (Abb. 175).

In der nahegelegenen Grotte von Le Portel gibt es eine weitere, eher skizzenhafte Eulenzeichnung. Wir haben festgestellt, dass die sog. «Gespenster» mit grossen, runden Augen imaginiert wurden, was ihnen ein eulenartiges Aussehen verleiht (Seite 73). Der symbolische Zusammenhang von Nachtvögeln und Tod gehörte somit bereits zu den Glaubensvorstellungen der Eiszeitjäger.

Abb. 174 Grabbeigabe aus der Nekropole von San Montano (Ischia), 8. Jh. v. Chr. (Museum von Lacco Ameno, Ischia)

Abb. 175 Die drei Eulen von Les Trois-Frères

In Gargas kann man in einem Gewirr undefinierbarer Linien die verschiedensten Tiere, darunter auch eine Wildgans und einen rabenähnlichen Vogel erkennen (Abb. 176). Die Zeichnungen befinden sich in einem «Camarin», und das Durcheinander und Übereinander der Gravierungen liesse sich dadurch erklären, dass man bei jedem Gebrauch des Raums als zeitweilige Bestattungs- oder auch Initiationsstätte neue Symbole hinzufügte (siehe dazu S. 45, Abb. 27). Einige Forscher betrachten die Camarinwände als Übungsfeld – gewissermassen als Wandtafel – der paläolithischen Künstler. Dazu stellt sich aber die Frage, weshalb diese einen so schwer zugänglichen und unbequemen Ort zum Skizzieren gewählt hätten.

Zwei gänseähnliche Tiere sind in eine Felswand der Höhle von El Pendo eingeritzt, ein weiteres Exemplar ist in Labastide zu sehen. Auf die Vogeldarstellung im Schacht von Lascaux wird später eingegangen werden.

In der *Kleinkunst* sind Vogelbilder häufiger. Auf den gravierten Schieferplatten der Freilandfundstelle Gönnersdorf gibt es einige Vogeldarstellungen; eine szenische Komposition setzt sich z. B. aus einem Pferd, einem Vogelpaar unter dessen Bauchlinie und einem «Gespenst» zusammen (Abb. 177). Ein Sandsteinplättchen aus Puy-de-Lacan zeigt Kopf und Hinterteil eines Bison und einen Vogel mit deutlichem Bürzel (Abb. 178). Um ein Rebhuhn handelt es sich wahrscheinlich bei einer Gravierung auf Rengeweih (Isturitz). In der Rentierjägerstation von Veyrier wurde 1833 ein Lochstab ausgegraben, aber erst 35 Jahre später die skizzenhafte Ritzzeichnung eines Wasservogels darauf entdeckt!

Ein für den Totenkult bedeutungsvolles Objekt stammt aus Tejyat. Auf einem Lochstab bilden ein Hengst, eine Hirschkuh und zwei sich schnäbelnde wilde Schwäne die Hauptfiguren, während ein dritter Schwan, ein winziges Pferdchen und seltsame kleine Wesen mit zwei Beinen und Hörnern nur angedeutet sind. Die ganze Anordnung entspricht den Anschauungen der Wiedergeburtsmagie: Hengst und Hindin sollen die Zeugung und Geburt der Toten in eine Weiterexistenz symbolisch vollziehen und die Vögel zur Erhöhung der sexualmagischen Wirkung das ihre beitragen, wozu Schwäne dank ihrem aufwendigen Balzverhalten und der dauerhaften Paarbindung als besonders zweckdienlich angesehen werden (Abb. 179). Das kleine Füllen, ein

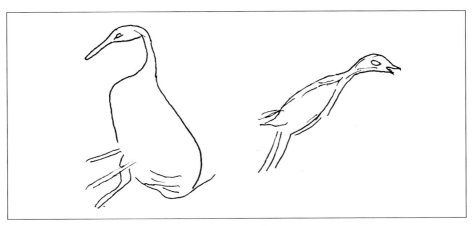

Abb. 176 Zwei Vögel aus dem «Camarin» von Gargas

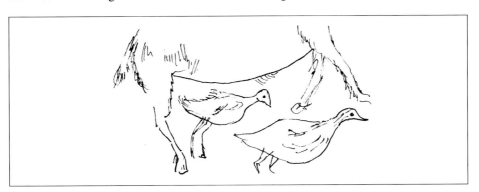

Abb. 177 Ausschnitt aus einer Gravierung von Gönnersdorf

Abb. 178 Gravierung aus Puy-de-Lacan

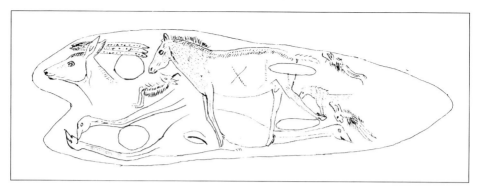

Abb. 179   Gravierung auf Lochstab (Abri Mège, Teyjat)

Thema mehrerer Darstellungen der Eiszeitkunst, könnte das neugewonnene Leben versinnbildlichen; was die Deutung der gehörnten Winzlinge betrifft – sie werden «Teufelchen» oder «Gemsenmännchen» genannt –, so bleibt der Phantasie ein weites Feld ...

Auf einer Ritzzeichnung aus Fontalès scheint einem Wasservogel, der mit einem Hirschkopf zwei stilisierten Frauengestalten beigegeben ist, eine männliche Rolle zuzufallen, was auch aus anderen Darstellungen hervorgeht.

Das Vogelmotiv tritt an vier Speerschleudern auf. Bei einem Exemplar bildet der Schnabel des einen Tiers den zum Anlegen des Wurfpfeils erforderlichen Haken (Enlène), bei einem Birk- oder Auerhahn dienen die Schwanzfedern demselben Zweck (Mas d'Azil) (Abb. 180 und 181). Dazu kommen die beiden bereits beschriebenen Schleudern mit jungen Steingeissen und Vogelpaaren (Mas d'Azil und Bédeilhac, Seite 92), während auf dem Objekt aus Arudy ein vogelähnliches Fragment höchstens im Vergleich mit den beiden andern identifiziert werden kann.

Eine Besonderheit, die sich auf Nord-Ost-Europa beschränkt, stellen die Schwanenfigürchen aus Mammutelfenbein dar. Die Vögel sind entweder im Flug, mit langgestreckten Hälsen oder stehend wiedergegeben und mit einer Perforation versehen, um als Anhänger getragen werden zu können (Abb. 182). Eine Eule aus Elfenbein gehört ebenfalls zu diesen kleinen Kunstwerken.

Im Bezug auf den Totenkult ist noch erwähnenswert, dass einige anthropomorphe Gestalten auf Darstellungen der Eiszeit-

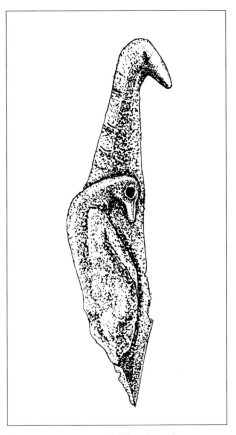 

Speerschleudern mit Vogelmotiv
Abb. 180   aus Enlène   Abb. 181   aus dem Mas d'Azil

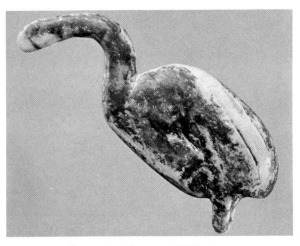

Abb. 182   Kleine Schwanenfigur als Anhänger (Mal'ta)

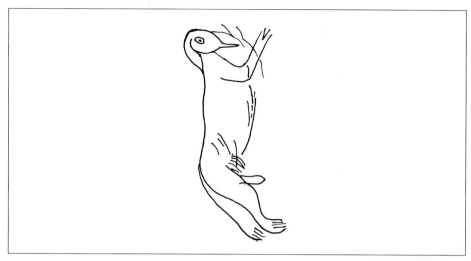

Abb. 183 Vogelköpfige Figur (Altamira)

kunst, die im Sinne der vorliegenden Arbeit als verfremdete tote Menschen angesehen werden, vogelähnliche Köpfe haben. Auf einer Gravierung in der Höhle von Altamira ist ein solches Wesen zusätzlich ityphallisch, wie wir es bei der später beschriebenen Szene im Schacht von Lascaux ebenfalls feststellen können (Abb. 183).

Schlange

Wenn schon bei den Vögeln die Reichhaltigkeit ihrer Symbolik und die geringe Anzahl eiszeitlicher Darstellungen in einem Missverhältnis stehen, ist dies in viel grösserem Mass bei den Schlangen der Fall.

Die Schlange ist ein fundamentaler Archetypus oder besser gesagt, ein archetypischer Komplex. Die Skala der sich daraus ergebenden Symbole reicht von ihren archaischen Erscheinungsformen in den kosmogonischen Mythen bis zu ihrem Auftreten als Christussymbol, und die ihr eigene ausgeprägte Ambivalenz lässt sie Schöpferkraft, Fruchtbarkeit und Weisheit, aber auch Verderben, Dämonie und Sünde verkörpern. Auf die einzelnen Aspekte ihrer Symbolik einzugehen, würde den Rahmen dieser Arbeit überschreiten. Da der Vielfalt symbolischer Aussagen wie

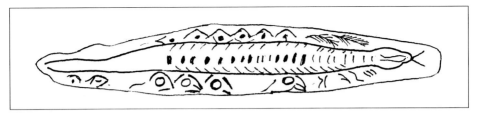

Abb. 184   Spatel mit Gravierung aus Lorthet (nach A. Marshack)

Abb. 185   Verzierung auf einem halbrunden Stab aus La Madeleine (nach A. Marshack)

erwähnt nur vereinzelte Schlangenzeichnungen auf Objekten der Kleinkunst entsprechen, wird auf eine ausführliche Behandlung des Motivs verzichtet. In Kürze sei erwähnt, dass für die Wiedergeburtsmagie der Paläolithiker besonders drei Eigenschaften der Schlangen von Bedeutung waren: der morphologische Aspekt in Analogie zum Phallus, die auffälligen ritualisierten Balzkämpfe der Männchen, die langdauernde Kopulation als Garanten der Zeugung und ihre Häutung als Gleichnis der Erneuerung.

Und nun einige Beispiele aus der *Eiszeitkunst*. Auf einem Lochstab aus El Pendo genügen eine Schange und ein Pferd für die Bildwerdung des symbolischen Inhalts. Etwas schwieriger zu entziffern ist die Darstellung auf einem Fund aus Lorthet, einem kleinen Knochenplättchen in Form eines Spatels. Man erkennt darauf eine doppelzüngige Schlange mit einer Reihe stilisierter Vulven und zwei männlichen gefiederten Zeichen an ihrer linken Seite – als Vergleich diene die Abbildung auf S. 21 – und vogelähnliche, grossäugige Köpfe entlang ihrer Rechten (Abb. 184). Auf der Jahreszeitensymbolik basierend, deutet A. MARSHACK beide Reihen als Vögel, während hier die Meinung vertreten wird, dass es sich auf der einen Seite um sexualsymbolische Zeichen, auf der andern um die Abbilder verfremdeter Toten handelt und das Plättchen somit in die rituellen Objekte des Totenkults einzureihen ist.

Auf einem runden Stab aus La Madeleine setzt sich die magische Szene aus einer Schlange, Pferdeköpfen und einer anthropomorphen Figur, die einen Stock auf den Schultern trägt, zusammen, insgesamt eine weitere Variation des Wiedergeburtszaubers. Dass der Stab mit rotem Ocker bedeckt war, weist auf seine magische Aufgabe zur Erneuerung des Lebens hin (Abb. 185).

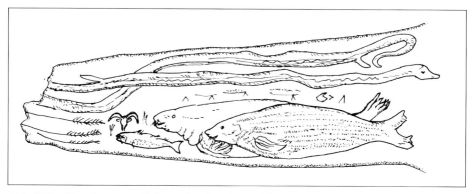

Abb. 186   Gravierung auf einem Lochstab aus Montgaudier (nach A. Marshack)

Abb. 187   Elfenbeinplaquette mit drei Schlangen (Mal'ta)

Die Darstellung auf einem weiteren, reich mit Gravierungen verzierten Stab, kann als Beweis für die Zugehörigkeit der Schlangen zu den männlich determinierten Symbolträgern angesehen werden (Abb. 186). Sie setzt sich zusammen aus zwei Seehunden, die durch unterschiedliche Grösse und Gestalt als Männchen und Weibchen gekennzeichnet sind, aus einem Fisch, einem schematisierten Steinbockkopf, gefiederten Hakenzeichen und zwei Schlangen mit deutlich sichtbarem Penis. Man mag sich darüber wundern, dass dem Paläolithiker Seehunde bekannt waren, obwohl der Fundort des schönen Kunstwerks über 100 km vom Atlantik entfernt in Montgaudier liegt. Offenbar müssen die Tiere den Lachsen bei ihrer Wanderung vom Meer her flussaufwärts gefolgt sein, um sie zu erbeuten.

Die der Komposition zugrundeliegende magische Absicht liesse sich folgendermassen zusammenfassen: Die vorgebliche Vereinigung des Robbenpaares und die Wirkkraft der männlichen Symbole sollten den Toten den Übergang in eine neue Existenz ermöglichen. Wenn gegen diese Art der Deutung Einwände erhoben werden, so ist dabei zu bedenken, dass dem modernen Menschen die düstere Sphäre magischer Denk- und Erlebnisformen verschlossen bleibt und rationale Argumente in ihrem Bereich keine Geltung haben.

Erinnern wir uns in diesem Zusammenhang noch an eine Plaquette aus Sibirien. Sie zeigt auf der einen Seite das Spiralmotiv, auf der andern drei Schlangen. In das Stück Elfenbein sind somit auf kleinstem Raum die für ein Fortleben der Toten wünschbaren übersinnlichen Kräfte gebannt: Spiralen von weiblicher Wertigkeit als Sinnbilder der Wiedergeburt, Schlangen, die in Analogie zu den Neumondnächten zu dritt erscheinen, als Vermittler männlicher Potenz. Der Grössenunterschied zwischen den Tieren dürfte auch nicht zufällig sein, entspricht er doch einer «Familie» mit Mama, Papa und Baby! (Abb. 187; siehe dazu auch Abb. 13, S. 27).

Das Objekt enthält gewissermassen den Wesenskern des magischen Weltverständnisses der Eiszeitjäger und gewährt Einblick in ihre magischen Praktiken, welche vor allem auf der Korrespondenz aller Dinge beruhen.

8. Anthropoide

Aus dem Urgrund der Psyche stammende Vorstellungen von menschlich-tierischen Mischwesen gehen bis auf die Vorzeit zurück. Uns sind besonders die Gestalten der antiken Mythologie geläufig, die Kentauren etwa oder die Sphinxe, welche die Gräber der Pharaonen bewachen und bei Griechen und Etruskern zu weiblichen Todesdämonen wurden. Als Frauenwesen mit Vogelkörpern übten die Sirenen unheilvolle Verführung aus, um die Menschen in den Tod zu locken; im Norden erschienen sie meist fischschwänzig und nicht minder verrucht (Abb. 188). Auch die Harpyen, vogelleibige Monstren, taten den Menschen Böses an mit üblem Gestank und scharfen Krallen. BACHOFEN bezeichnet sie als «Todesmütter».

Im Bezug auf die Eiszeitkunst interessieren vor allem gehörnte Zwitterwesen. Hörner und Geweihe zählen seit jeher zu den Attributen mythischer Gestalten. Sie sind zugleich Audruck von Körperkraft und geistiger Überlegenheit, weshalb Stierhörner sowohl von gallischen Kriegern zur Abschreckung des Feindes auf dem Helm getragen wurden, als auch zum Zeichen göttlicher Grösse das Haupt Apollos, des gehörnten «Keraiates» archaischer Epochen, schmückten (Abb. 189).

Als Beispiel des negativen Aspekts kennen wir den stierköpfigen Minotaurus, Sohn der kretischen Königin Pasiphae und des weissen Stiers Poseidons. Er verkörperte niedrige Instinkte und den Hang zur Regression, den zu überwinden dem Helden Theseus gelang. In der christlichen Überlieferung symbolisiert der gehörnte Teufel alle negativen, den Menschen entwürdigenden Kräfte.

Die menschenähnlichen Mischwesen, auch Anthropoide genannt, sind in der *Eiszeitkunst* spärlich vertreten, ihres wichtigen Stellenwertes wegen aber nicht zu umgehen.

Eingehüllt in die Ganzheit der Schöpfung, empfand sich der Paläolithiker als Verwandter der Tiere und glaubte sich in der Lage, ihrer Eigenschaften durch das Tragen von Tiermasken, die Nachahmung ihrer Bewegungen im Tanz oder durch die bildliche Wiedergabe menschlich-tierischer Gestalten teilhaftig zu werden.

Abb. 188   Doppelschwänzige Sirene, Kapitell in San Vittore (Locarno-Muralto)

Abb. 189
Apollo «Keraiates»
(Museum von Nicosia)

Im Totenkult ging es vor allem darum, die Zeugungskräfte zu aktivieren, eine Absicht, die bei gewissen Darstellungen unschwer zu erkennen ist.

Grosser Popularität erfreut sich der geheimnisumwitterte «Zauberer» von Les Trois-Frères. Diese weitverzweigte Höhle mit ihren engen Gängen und oft heiklen Passagen wurde im Jahr 1912 von Graf BÉGUËN und seinen drei Söhnen – les trois frères – entdeckt und zeichnet sich durch ihren Reichtum an Bildern aus. Im Bereich einer grossen Nische mit überhängenden Felspartien und tiefen Spalten, dem sog. «Sanktuar», befinden sich mit Ausnahme der Rinder sämtliche Grosstierarten der Eiszeitkunst vereinigt: Pferd, Bison, Hirsch, Ren, Nashorn, Bär und, etwas abseits, Mammut und Felide.

Um den Zauberer zu sehen, muss man den Blick weit in eine Felsspalte emporwenden; dort oben, im abgelegensten Winkel, ist sein etwa 75 cm grosses, graviertes und schwarz gemaltes Portrait angebracht. Am auffälligsten sind seine weit geöffneten Nachtvogelaugen, wie wir sie bei den drei Eulen angetroffen haben. Auf dem bärtigen Kopf trägt er ein grosses Geweih, die Ohren entsprechen einem Cerviden, die Hände den Tatzen eines Bären, der Schweif einem Pferd. Dazu kommt ein betontes männliches Geschlechtsorgan (Abb. 190).

BREUIL nahm an, dass es sich bei dem «Gehörnten Gott von Les Trois-Frères», wie er ihn nannte, um den Herrn der Tiere handle, welchen die Cro-Magnon-Menschen um erfolgreiche Jagd baten, während andere Autoren in ihm einen Schamanen in Kostümierung vermuten. Da sämtliche Attribute dieses Anthropoiden männlichen Symbolträgern entliehen und damit deren Eigenschaften geradezu potenziert sind, zählen wir ihn hier zu den Protagonisten der Wiedergeburtsmagie.

Unter den vielen, oft kaum zu deutenden Kritzeleien an den Wänden derselben Höhle entdeckt man das Bild eines ityphallischen Mannes mit Hörnern, Hufen an den Armen und einem Bisonschwanz, der einem bisonartigen Tier mit auffälliger Vulva folgt (Abb. 191). Die Gegenüberstellung von männlichen und weiblichen Symbolträgern, ein immer wiederkehrendes Thema der Eiszeitkunst, gilt auch für die hinterste Bildtafel von Le Gabillou: ein Mann mit Kopf und Schwanz eines Bisons ist durch einen Strich mit zwei rechteckigen Vulvenzeichen verbunden.

In der Kleinkunst findet sich das Motiv des gehörnten Menschen auf einem Lochstab aus dem Kesslerloch.

Verfolgt man das archetypische Bild des hörnertragenden Mannes weiter durch die Vorgeschichte, begegnet man ihm zuerst einmal in der Levantekunst. Später gelangt man zu bronzezeitlichen Felszeichnungen, auf denen stark stilisierte Menschenfiguren mit Hirschgeweihen dargestellt sind und findet schliesslich in der «Rock Art» der Canyongebiete Amerikas ähnliche, «Kokopelli» genannte Mischwesen (Abb. 192 und 193). Wir sind abgeschweift, um die Kontinuität aufzuzeigen, mit der archetypische Vorstellungen im Laufe der Menschheitsgeschichte in Bildwerken ihren Niederschlag finden.

Abb. 190   Der «Zauberer» von Les Trois-Frères (ergänzte Nachzeichnung)

Abb. 191   «Bison-Mann», Les Trois-Frères (nach Breuil)

Abb. 192 Gehörnte anthropomorphe Figur, Malerei in Rot, Abri El Cingle (Castellón)

Abb. 193 «Kokopelli», mythologische Figur der prähistorischen Indianer (Spanish Valley, Canyon-Gebiet, U.S.A.)

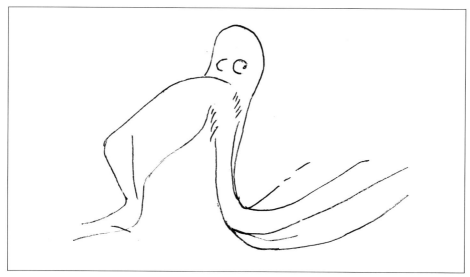

Abb. 194 Mammutähnlicher Anthropoide, Les Combarelles (nach Breuil)

Befassen wir uns nun wieder mit der Eiszeitkunst. Neben den gehörnten gibt es noch andere Zwitterwesen, denen offensichtlich das Mammut – auch ein Symboltier männlicher Prägung – Pate gestanden hat. In Les Combarelles könnte man das Fürchten lernen vor der Figur eines «Gespensts» mit riesigem Auge, mammutähnlicher Kopfform und Armen, die in Stosszähne übergehen (Abb. 194). Der sog. «Zauberer» von Espélugues, leider nur skizzenhaft wiedergegeben, trägt Mammutzähne, ein angedeutetes Gehörn und einen Schweif.

Die auf Seite 165 erwähnte Elfenbeinplastik eines Löwenmenschen aus Hohlenstein-Stadel wird ins Aurignacien datiert; mit über 30 000 Jahren zählt sie zu den ältesten anthropomorphen Darstellungen.

9. Die Hand

Als Folge des aufrechten Gangs bekam der Mensch «freie Hand» und die Möglichkeit, diese für zunehmend differenzierte Aufgaben einzusetzen. Darüber hinaus wurde die Hand zu einem Organ von grösster Ausdrucksfähigkeit (Abb. 195).

Die meisten Religionen bedienen sich der Gebärdensprache der Hand, vor allem die buddhistische, in deren Ikonographie jede Stellung einer bestimmten Geisteshaltung entspricht. Eine grosse Bedeutung kommt ihr auch in den kultischen Tänzen ostasiatischer Völker und im Gebets- und Segensgestus der christlichen Tradition zu. Auf profaner Ebene erlaubt sie vielfältige Arten von Kommunikation im zwischenmenschlichen Bereich und die Verständigung mit Taubstummen.

Aus Form und Linien der Hand wird in der Handlesekunst sowohl auf die Charakteranlagen eines Menschen, als auch auf seine Entwicklungsmöglichkeiten geschlossen.

So wundert nicht, dass die Hand zur symbolischen Aussage und als magisches Mittel geeignet scheint. Sie steht für Schöpferkraft, Macht, Rechtschaffenheit und Ehre und erreicht ihre sublimste Ausdeutung in der «Hand Gottes». Diese wird unzählige Male in der Bibel erwähnt. Aus den Wolken herniedergestreckt, hindert sie Abraham an der Opferung seines Sohnes Isaak; in der christlichen Kunst wird sie bei der Verkündigung an Maria und bei Christi Himmelfahrt dargestellt.

Abb. 195   Schwurhand als Reliquiar (Abtei St. Maurice, CH)

Ihrer magischen Wirkung wegen gilt die Hand – besonders im Islam – als Amulett zur Abwehr böser Geister. Das Handauflegen, welches auch in unserem Kulturkreis ausgeübt wird, kann je nach Auffassung als magische «Handlung» bewertet oder als tatsächliche Übertragung heilender Kräfte auf den Kranken anerkannt werden.

Dass in der *Eiszeitkunst* den Händen eine magische Rolle zukam, steht ausser Zweifel. Sie wurden, von der Jagdmagie ausgehend, als Zeichen der Besitznahme gedeutet. Hier wird versucht zu belegen, dass sie einen wichtigen Platz in der Wiedergeburtsmagie einnahmen. Handdarstellungen kommen in zahlreichen Höhlen vor und lassen sich in zwei Gruppen einteilen: Für positive Bilder wurden die mit Farbe bestrichenen Handflächen gegen die Wand gepresst, während man zum Erzeugen von Negativen die Farbe um die aufgelegten Hände tupfte oder sprühte (siehe hinten Abb. 232). Ihrer Grösse nach zu urteilen, stammen die Abdrücke von Frauen, selten von Kindern.

In der Höhle von Gargas sind die Hände mit über zweihundert schwarzen, roten und vereinzelt ockerfarbenen und weissen Exemplaren am reichsten vertreten. Hier stösst man auch auf eine bemerkenswerte Eigenheit: den Fingern – mit Ausnahme des Daumens – fehlen zum Teil die Endglieder. Ein solcher Abdruck in einer Felsnische wirkt wie ein Altarbild auf den Beschauer und ist ein Indiz für seine wichtige kultische Bedeutung. LEROI-GOURHAN hält es für möglich, dass solche Bilder durch Retuschen oder durch das Auflegen der Hand mit gebogenen Fingern hergestellt wurden, um eine Amputation vorzutäuschen. Dass die Verformung auf Krankheit oder Unfall zurückzuführen wäre, wie einige Autoren annehmen, scheint etwas weit hergeholt.

Absichtliche Verstümmelungen sind als Teilopfer – pars pro toto – bei Naturvölkern bekannt. Nach M. ELIADE bilden die Amputation der Finger und das Ausreissen von Zähnen einen Bestandteil des Totenrituals. Aus ethnographischen Quellen wissen wir, dass Witwen sich bei der Bestattung ihres Gatten einzelne Finger verstümmeln.

Wir zählen die Handbilder der Eiszeitkunst zu den Äusserungen eines Totenkults, in dem der Frau eine dominierende Rolle zukam. Nach einigen Autoren sind die meisten Abdrücke in frühe Perioden des Jungpaläolithikums zu datieren, nach P.G. BAHN (zitiert bei Biedermann) sogar zum Teil ins Mousterien des Neandertalers.

Davon ausgehend liesse sich die Wiedergabe von Frauenhänden und ihre Verstümmelung als Übergang von der ursprünglich vollzogenen Tötung der Frau zu ihrer nur symbolisch angedeuteten Opferung verstehen. Einen ähnlichen Vorgang vermuten wir beim Auftreten der weiblichen Statuetten (siehe Seite 57).

In der Antike gehörte die Hand eindeutig zu den Symbolen des Totenkults: Auf Grabstelen wurde die linke, weiblich determinierte, abgebildet, was nach BACHOFEN heissen soll, dass der Tote im mütterlichen Schoss Aufnahme gefunden hatte.

Zur Bekräftigung der in dieser Arbeit vertretenen Hypothese einer Wiedergeburtsmagie diene noch ein Beispiel aus Indien: Im alten Königspalast von Jodpur in Radjastan sind Handabdrücke zu sehen, die den Witwen vor ihrer Verbrennung abgenommen

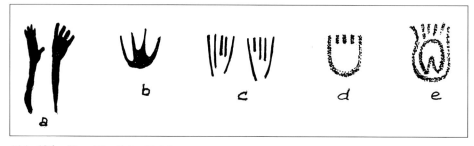

Abb. 196　Handähnliche Zeichen
a) Santian; b) Le Portel; c) Arcy-s.-Cure; d) La Pasiega; e) Tito Bustillo

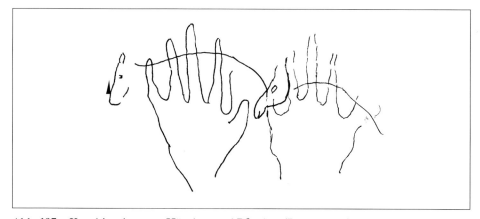

Abb. 197　Kombination von Händen und Pferden (Roucadour)

wurden; dieser Brauch bringt uns den vermutlichen Ritualen des paläolithischen Totenkults näher.

Leroi-Gourhan reiht die Hand aufgrund ihrer Lage im Höhlensystem und ihrer Koppelung mit andern Motiven bei den weiblichen Symbolen ein, was sich auch aus dem oben Gesagten zwangsläufig ergibt. Auffallend ist übrigens die Ähnlichkeit gewisser weiblicher Zeichen mit der Form der Hand auf Darstellungen in La Pasiega und Arcy-sur-Cure (Abb. 196).

Wie es die auf Polarität ausgerichtete Ikonographie der Eiszeitkunst erwarten lässt, sind einige Handbilder mit Pferden oder männlichen Zeichen zusammengefügt. So befindet sich z. B. in El Pendo ein positiver Handabdruck unter der Bauchlinie eines Pferdes. Auf einem über drei Meter langen Wandbild sind in Pech-Merle (siehe hinten Abb. 233) zwei Pferdeleiber mit schwarzen und roten Punkten ausgefüllt; umrahmt werden die Tiere von

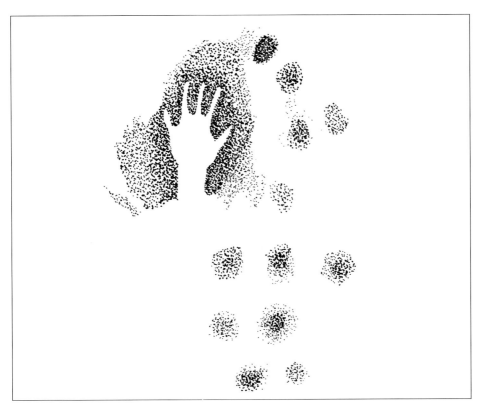

Abb. 198 Handnegativ und Punkte in Rot (Pech-Merle)

Abb. 199 Handnegative in der San Cristóbal area (Canyon Country, U.S.A.)

sechs Handnegativen auf schwarzem Farbgrund. Ein roter Fisch, ein Bison und ein Kreiszeichen – auf der Photographie leider nicht erkennbar – ergänzen die Komposition. Als männliches Element stehen in Gargas, Pech-Merle und El Castillo Punktzeichen und parallele Striche den Händen gegenüber, die in der letztgenannten Höhle einen ganzen Fries bilden (Abb. 198).

Die Hände erscheinen auch als Motiv späterer Felsbilder, auf den prähistorischen Darstellungen im Indus-Tal z. B., im Canyon-Gebiet Arizonas, bei den Aborigenes Australiens und so fort. Das Setzen von Handabdrücken ist ein kultisches Ritual, und welche symbolische Aussage auch immer damit verbunden ist, die Hand gilt als Signatur des ganzen Menschen (Abb. 199).

10. Besondere Merkmale an figürlichen Darstellungen

An mehreren figürlichen Darstellungen fallen Besonderheiten auf, die im ganzen Bereich der Eiszeitkunst vorkommen und mit denen sich offenbar eine bestimmte Aussage verband: das Fehlen des Kopfes und das Aufgetriebensein des Leibes. Sowohl Menschen wie Tiere können mit diesen Merkmalen versehen sein, was einmal mehr die Auswechselbarkeit ihrer Erscheinungsformen beweist. Hier wird angenommen, dass mit dem Weglassen der Köpfe der Zustand des Todes angedeutet werden sollte, wie die Kelten dies mit dem Fehlen des Mundes taten. Das gleiche gilt für die grossen Bäuche, die entweder die Folge eines längern Aufenthalts im Wasser oder einer nach dem Tod eingetretenen Gasbildung sein können.

Kopflose Figuren sind recht häufig und besonders in den hintersten, geheimen Teilen der Höhle anzutreffen. Allein in Niaux gibt es (nach J. CLOTTES) neun Tiere ohne Kopf. Bereits erwähnt wurden die beiden Bären von Ekain (siehe Seite 158). In Las Monedas steht auf der letzten Bildtafel ein Pferd ohne Kopf neben claviformen Zeichen, ein schönes Beispiel für den durch ein Tier vertretenen Toten und dessen weibliche Ergänzung. In Kostienki fand man die steinerne Statuette eines kopflosen Tiers. Sie ist rundum geglättet, poliert und ohne irgendwelche Beschädigung, so dass angenommen werden kann, dass der Kopf absichtlich weggelassen wurde. Zu den Objekten der Kleinkunst gehört u. a. auch eine Speerschleuder mit einem Steinbock, dem der Kopf fehlt.

Von den menschlichen Figuren, die durch Weglassen der Köpfe als Tote gekennzeichnet wurden, erwähnen wir hier einen Mann

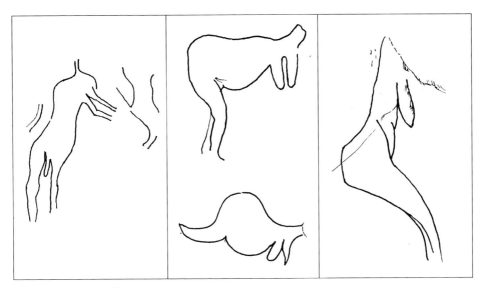

Figuren ohne Kopf
Abb. 200　　　　　　　　Abb. 201　　　　　　　　Abb. 202
Gravierung in Pergouset　Gravierungen in Pech-　Gravierung in Gare-de-
(nach Leroi-Gourhan)　　Merle (nach Breuil)　　Couze (nach Bordes)

Abb. 203　Pferd und Zeichen (La Pileta)

in der Grotte von Pergouset (Abb. 200 bis 202), in der man nur kriechend zu den Bildtafeln vordringen kann, eine Frau neben zahlreichen weiblichen Sexualorganen im sogenannten «Camarín de las vulvas» von Tito Bustillo und zwei stilisierte Frauengestalten, die in einem Gewirr gravierter Linien an der Decke des grossen Saals von Pech-Merle zu erkennen sind.

Tiere mit *grossen Bäuchen* hat man früher – basierend auf der Annahme eines Fruchtbarkeitszaubers – als trächtig betrachtet, obwohl einige Exemplare männliche Geschlechtsmerkmale aufweisen. Da diese körperliche Besonderheit bei toten Individuen auftreten kann, fügt sie sich gut in die Hypothese der Wiedergeburtsmagie ein und erfährt durch sie eine einleuchtende Erklärung.

Mit aufgeblähten Leibern sind zwei Pferde dargestellt, die nach LEROI-GOURHAN in die primitive Periode der Eiszeitkunst gehören (La Croze-à-Gontran und Abri Labattu). Als späteres Beispiel sei noch das gemalte Pferd von La Pileta aufgezählt, das ganz von Zeichen bedeckt ist und mit Kuh und Hirsch eine Gruppe bildet (Abb. 203).

Das Fehlen des Kopfes und die gerundete Gestalt des Leibes können auch kombiniert sein, wie bei den Tieren von Bédeilhac (Abb. 204) und El Castillo; neben dem letzteren bildet eine Hirschkuh die weibliche Ergänzung.

Beim Menschen stossen wir auf das Phänomen des aufgetriebenen Bauches unter anderm auf der Platte von Enlène (Seite 85), wo der männliche Geschlechtspartner damit charakterisiert wird, und in der Grotte von Saint-Cirq bei einem ityphallischen Mann. Wir werden uns im folgenden Kapitel näher mit dieser Darstellung befassen, da sie eine überzeugende Deutung im Sinne der Wiedergeburtsmagie erlaubt.

In der Levante-Kunst scheinen dieselben Vorstellungen geherrscht zu haben. Darauf lässt ein kleines Bild an einem Felsüberhang der Valltorta-Schlucht schliessen, das einen Menschen mit auffallend rundem Bauch in Fötallage zeigt (Abb. 205). Da diese Stellung bei Bestattungen üblich war, haben wir hier einen Hinweis dafür, dass der aufgeblähte Leib als Kennzeichen eines Leichnams galt.

Ein weiteres Merkmal, das relativ selten zu sehen, aber doch bedeutungsvoll ist, muss noch erwähnt werden: das *Zurückwen-*

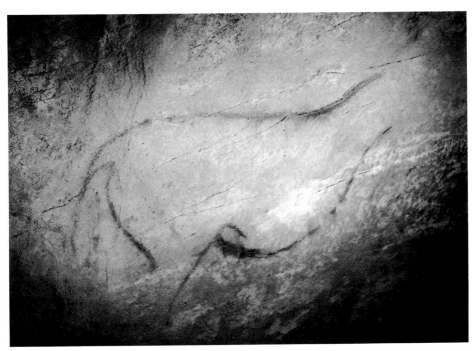

Abb. 204   Kopflose Figur mit grossem Bauch (Bédeilhac)

Abb. 205   Felsbild aus den Covetes del Puntal (Castellón)

den des Kopfes. Diese Körperhaltung steht mit der Wiedergeburtsmagie insofern in Zusammenhang, als sie auf einen Zeugungsakt hinweist.

Wir haben sie bereits bei den jungen Steingeissen auf Speerschleudern angetroffen (Seite 92) und beim Bison, dem ein gehörnter Anthropoide folgt (Seite 191). Im nächsten Kapitel werden wir demselben Merkmal auf der Szene im Schacht von Lascaux begegnen. Auch spanische Höhlen bieten Beispiele: Unter den Tierdarstellungen von El Castillo gibt es eine Hirschkuh neben einem Pferd und einen Bison neben tektiformen Zeichen, welche beide den Kopf nach hinten drehen, in Covalanas tun dies mehrere Hirschkühe.

Das Zurückwenden des Kopfes behält Jahrtausende später eine sexualsymbolische Bedeutung. In der Cueva Araña der ostspanischen Levante hat in einer Gruppe von Steinbock, Hirsch und Hirschkuh diese letztere den Kopf rückwärts gewendet. Weibliche Tiere, die sich nach dem Männchen umsehen, finden wir auch in der arktischen Kunst, wie zwei Felsbilder aus Sibirien zeigen. Und die Verzierung eines griechischen Kraters aus dem 13. Jahrhundert v. Chr. beweist, dass das Thema seine Gültigkeit in der Antike bewahrt hat (Abb. 206).

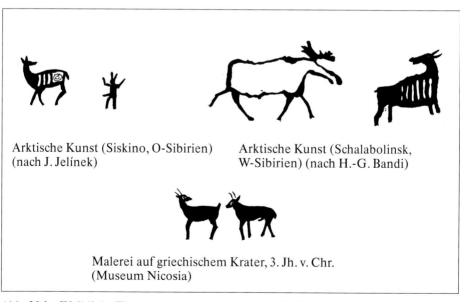

Arktische Kunst (Siskino, O-Sibirien) (nach J. Jelínek)

Arktische Kunst (Schalabolinsk, W-Sibirien) (nach H.-G. Bandi)

Malerei auf griechischem Krater, 3. Jh. v. Chr. (Museum Nicosia)

Abb. 206 Weibliche Tiere mit zurückgewendetem Kopf

11. Deutung einzelner Szenen

Im folgenden wird versucht, drei Szenendarstellungen der Eiszeitkunst unter Berücksichtigung ihres magischen Gehalts, des Symbolwerts der einzelnen Figuren und ihrer Beziehung zum Totenkult zu deuten.

Als erstes Beispiel wählen wir einen Fund aus der Pyrenäenhöhle La Vache, einen dünnen Adlerknochen, den ein Magdalenien-Künstler reich verziert hat. Da keine Gebrauchsspuren zu sehen sind, muss das Objekt für kultische Zwecke bestimmt gewesen sein (Abb. 207).

Die Hauptfigur bildet ein mit kleinen Strichen markierter Hengst; in der Mitte seines Leibes erkennt man ein rechteckiges, von einem Stäbchen ergänztes Zeichen, d. h. die Kombination eines weiblichen und eines männlichen Symbols, wie sie in dieser Anordnung mehrmals in Lascaux anzutreffen ist. Vor den Nüstern des Pferdes stehen drei kurze Striche, eine bei mehreren Tieren wiedergegebene Besonderheit, die wahrscheinlich den Atem andeuten soll. Später wurden solche Emanationen der Pferde im gleichen Sinn als «Lebenshauch» in den Upanischaden beschrieben und von den Kelten dargestellt. Der Hengst richtet sich gegen ein Rind, dessen Einsatz als weibliches Symboltier durch drei grosse Zeichen zu seiner Rechten verdeutlicht wird (gleiche Zeichen bilden in La Pileta und Font-de-Gaume die Ergänzung zu männlichen Strichen). Pferd und Bovide spielen in unserer Szene die Hauptrollen, aber auch Fisch und Bär erfüllen in den ihnen zugeteilten Nebenrollen eine wichtige Aufgabe: Sie sollen die zum Zeugungsakt erforderliche Potenz magisch erhöhen.

Nun bleiben noch die sechs Gestalten zu deuten, die sich den Tieren nähern und über denen ein Vulvenzeichen angebracht ist. Ihr verfremdetes, gespensterhaftes Aussehen und der Sinngehalt der ganzen Szene lassen darauf schliessen, dass es sich um Tote handelt, die auf ihre Wiedergeburt warten.

Als zweites Beispiel dient uns ein Wandbild aus Saint-Cirq. In dieser kleinen Grotte herrschen einfache topographische Verhältnisse. Der vordere Teil wird vom Tageslicht erhellt und enthält Reliefs, die beim Bau eines Kellers beträchtliche Schäden erlitten

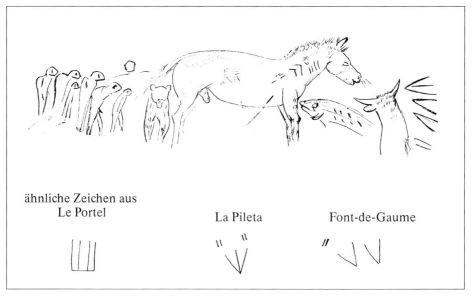

Abb. 207 Gravierung auf Knochen, La Vache (nach A. Marshack)

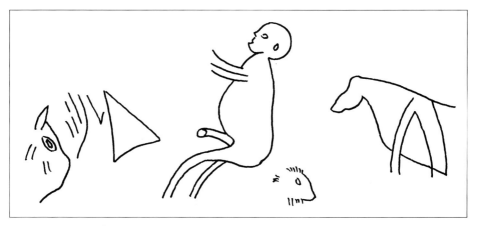

Abb. 208 Bildtafel in Saint-Cirq

haben. In die rückwärtige Zone kann man nur kriechend vordringen. Nach der Ansicht BREULS und LEROI-GOURHANS wurden die schwer zugänglichen Abschnitte der Höhlen nur wenige Male und von einzelnen Menschen aufgesucht. Sie waren, wie wir hier annehmen, den geheimen Ritualen des Totenkults vorbehalten.

Das Höhlenende von Saint-Cirq enthält eine Figurengruppe (Abb. 208), deren Zusammensetzung ungefähr der erstgenannten entspricht – allerdings mit einem Unterschied: Hier ist ein Toter mit aufgetriebenem Leib dargestellt. Er wird ityphallisch gezeigt, soll sich also ohne die Stellvertretung durch ein Pferd in eine neue Existenz fortzeugen. Er wendet sich gegen einen Bovidenkopf, dessen Auge an eine stilisierte Vulva erinnert. Zwischen den beiden erkennt man einige Zeichen, von denen LEROI-GOURHAN das dreieckähnliche zu den claviformen zählt.

Das Pferd ist hier nicht Hauptdarsteller, sondern steht, mit einem ovalen Zeichen auf der Schulter, etwas abseits. Als Randfigur gibt es links davon noch einen schlecht erhaltenen Steinbockkopf, der in seiner magischen Wirkung dem Fisch und dem Bären gleichzusetzen ist.

Wir haben es bei dieser zweiten Szene mit der gleichen symbolischen Aussage zu tun wie bei der ersten. Auch sie steht in unmittelbarer, weniger verschlüsselter Ausgestaltung, im Dienst der Wiedergeburtsmagie.

Bei der dritten Szene geht es um die berühmte Darstellung im Schacht von Lascaux. Dieser geheime Ort liegt mehr als fünf Meter unter dem Niveau des Höhlenbodens, und man muss sich vorstellen, dass der Künstler ihn nur mit einem Seil erreichen konnte. Gearbeitet hat er offenbar beim Schein einer kleinen

Abb. 209 Wandbild im Schacht von Lascaux

Lampe aus Sandstein, die dort zurückblieb. Die in eine dramatische Szene zusammengefassten Figuren sind vor etwa 17 000 Jahren entstanden, in einer Zeit, wo ein Teil der Kulträume unter Überwindung grosser Hindernisse immer tiefer in das Erdinnere hinein verlegt wurde.

Da aus den Kommentaren zu dieser Darstellung hervorgeht, wie verschieden der Sinngehalt der eiszeitlichen Bilder beurteilt wird, lassen wir einige Deutungen folgen.

Mehrere Prähistoriker sprechen von einem Jagdunfall; BREUIL vermutete, dass es sich beim Schacht um das Grab eines Jägers handeln könnte und liess – allerdings ohne Erfolg – nach seinen sterblichen Überresten suchen. Hier gilt es aber, sich an eine wichtige Richtlinie für die Interpretation eiszeitlicher Kunst zu halten: Was magischem Empfinden wesensfremd ist, muss dabei ausgeschaltet werden. Mit der Wiedergabe eines Unglücks wäre ein solches nach den Gesetzen der Magie herbeibeschworen worden!

H. KIRCHNER bezieht sich auf den Schamanismus: Er sieht im liegenden Mann einen Schamanen mit Vogelmaske in Trance, im Bison ein Opfertier und im Vogel einen Hilfsgeist. Für A. MARSHACK könnte es sich um jahreszeitliche Riten handeln, für A. LAMING-EMPERAIRE um die Darstellung mythischer Ahnen.

Eine auf Astralsymbolik beruhende Deutung bietet MARIE KÖNIG an: Der sterbende Bison ist das Symbol des erlöschenden Mondes, der ityphallische Mann verhilft ihm durch seine Potenz zu neuem Leben und «... in neuer, lunarsymbolischer Gestalt verlässt der Stier als Nashorn den Ort der Wandlung ...»

Die deutsche Wissenschaftlerin MARGRET ROIDL (zitiert in der Süddeutschen Zeitung, 1988) nimmt an, dass bei einem Kampf der Bison vom Nashorn getötet, der Jäger zufällig dazwischengeraten und umgestossen worden sei. Auf dem Stab sitzt, vom Körper losgelöst, die Vogelseele des Bisons. Das Nashorn gibt als Sieger Duftstoffe in Form von Punkten von sich und geht nach links ab.

LEROI-GOURHAN wendet bei der Analyse der Szene seine neuen Erkenntnisse an und teilt die Figuren in männliche und weibliche Symbolträger ein. Die hier abschliessend gebotene Hypothese geht von dieser Voraussetzung aus.

Dass Jäger ihre mythischen Vorstellungen in Tier- und Jagdbilder gekleidet haben, ist ohne weiteres verständlich; bei einem

Deutungsversuch muss aber nach der symbolischen Aussage dieser Motive gefragt werden.

Der Bison wird von einem Speer unter dem erhobenen Schwanz getroffen und so schwer verwundet, dass an der Bauchunterseite die Eingeweide hervorquellen. Wir fassen diesen Vorgang als die bildhafte Wiedergabe der geschlechtlichen Vereinigung und gewissermassen als Vorstufe zum Pfeilherzen auf, wobei Speer = Phallus und Wunde = Vulva ein Gegensatzpaar bilden, das in der Eiszeitkunst bekanntlich immer wieder erscheint. Der zurückgewendete Kopf des Tiers unterstreicht die sexualsymbolische Bedeutung. Im stark verfremdeten vogelköpfigen und ityphallischen Mann sehen wir einen Toten vor seiner Neugeburt, ein Zustand, der mit den gleichen Merkmalen bei einer gravierten Figur in Altamira angedeutet ist (Seite 184). Das Vogelmotiv findet sich zur magischen Steigerung der Potenz nochmals auf einer fraglichen Speerschleuder unter der rechten Hand des Mannes; daneben ist zum gleichen Zweck ein männliches Hakenzeichen beigefügt. Und damit nicht genug: Wahrscheinlich gehört auch das Nashorn zur Szene, ein Tier der männlichen Symbolgruppe und der verborgenen Höhlenteile. Die Punktreihen unter seinem Schwanz verstehen sich ohne weiteres als männliche Zeichen.

Wir haben es offensichtlich mit Wiedergeburtsmagie zu tun, die in einer Szene mit mehreren Darstellern und verschiedenen Requisiten zum Ausdruck gebracht wird. Im tiefen Schoss der Erde versuchten hier die Menschen der Eiszeit den Tod zu überwinden und sich eine Weiterexistenz zu sichern. Das weibliche Prinzip wird durch den verwundeten Bison, das männliche durch den Toten und die ihn unterstützenden Symbolfiguren verkörpert.

Einem modernen Raumgestalter, der die Wände einer Bar mit dem Mann und dem Vogel aus Lascaux geschmückt und den beiden noch eine entsprechende Frauenfigur beigegeben hat, ist der sexualsymbolische Sinn der eiszeitlichen Darstellung offenbar klar gewesen!

Wie alle andern entbehrt die Szene jeder Realität, denn welcher Jäger greift einen Bison von hinten an, welches Tier schaut sich unbewegt nach seiner schweren Wunde um, welches Nashorn macht sich aus dem Staube, um nur einige Ungereimtheiten auf-

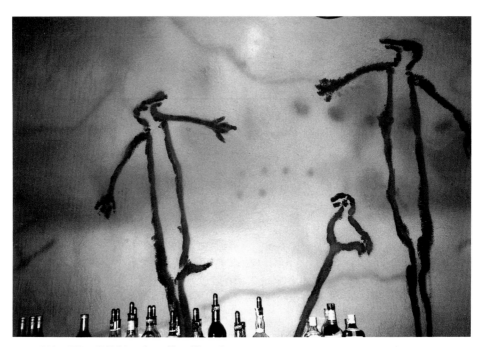

Abb. 210 Wandbild in einer Bar (Bern)

zuzählen. Einmal mehr müssen wir einsehen, dass mit Verstandeslogik einer Darstellung magischen Inhalts nicht beizukommen ist und sie nur einen Sinn erhält, wenn wir berücksichtigen, dass ihr bestimmte Glaubensvorstellungen zugrunde liegen.

Schlussbetrachtungen

LEROI-GOURHAN schreibt, der prähistorische Mensch habe durch Hypothesen, die seine religiösen Vorstellungen betreffen, kaum etwas zu gewinnen. Gegen diese Feststellung eines grossen Wissenschaftlers ist gewiss nichts einzuwenden. Dagegen könnte die Beschäftigung mit dem Weltbild unserer Ahnen für uns selbst eine Bereicherung bedeuten.

Wie schon eingangs gesagt, müssen wir beim Versuch, uns in das Daseinsgefühl des Paläolithikers hineinzuversetzen, vom kausalistisch-logischen Denken Abstand nehmen. Was sich in der Eiszeitkunst von seiner Weltschau offenbart, ist nur in einer intuitiv-ganzheitlichen Schau zu erfassen.

Die Hinwendung zu den künstlerischen Äusserungen unserer Vorfahren, deren psychisches Erbe wir übernommen haben, führt uns in eine tiefere Dimension unseres eigenen Geistes. Wir überschreiten dabei die engen, vom Intellektualismus gesetzten Grenzen, und die Wahrnehmung und Integration der im Unbewussten wirkenden Kräfte kommt unserer persönlichen Reifung zugute. Unser jetziges Bewusstsein ist aus früheren Bewusstseinsstufen hervorgegangen. Die existenziellen Fragen um Werden, Sein und Vergehen sind die gleichen geblieben, seit die Menschheit sich aus der Einheit der Schöpfung zu lösen und über ihr Dasein zu reflektieren begann. Das Wissen um den Tod, das Bemühen, sich seiner Problematik zu stellen und das Suchen nach einem Sinn des Schicksals gehören unabdingbar zur Entwicklung menschlichen Geistes: Die Auseinandersetzung mit dem Tod bildet eine der wichtigsten Quellen transzendenter Erfahrungen.

Beim Studium der Vorgeschichte sollten wir stets im Auge behalten, dass es sich um *unsere* Vergangenheit handelt, während unsere Gegenwart ein Glied in der Kette weiterer Entwicklung bildet. Wie das Kind im Mutterleib einzelne Stadien der biologischen Evolution nachvollzieht, entfaltet sich sein Bewusstsein in Stufen, die der psychischen Entwicklung der Menschheit in vielen Belangen entsprechen.

Das Kleinkind befindet sich in der magischen Phase und im Zustand der «participation mystique» mit der Mutter, aus dem es sich beim Wachsen seines Ich-Bewusstseins löst. In diesen frühen Lebensabschnitt gehört auch die Vorstellung, dass alle Dinge belebt sind. Wenn das Kind sich an einer Tischkante stösst, schlägt es zurück, weil das Möbel ihm als böses Wesen erscheint. Bläst aber die Mutter auf die schmerzende Stelle, und sagt sie dazu noch ein Sprüchlein, so versiegen bald die Tränen; der Schmerz ist weggezaubert! Grössere Kinder erlegen sich Vermeidungen und Bedingungen als magische Rituale auf: das Überspringen von Treppenstufen, das Aufsetzen der Füsse auf bestimmte Linien und vieles mehr. Obwohl das magische Denken nach der Kindheit zurückgedrängt wird, äussert es sich noch im Brauchtum und Aberglauben der Erwachsenen und in gewissen Geisteskrankheiten.

Das Verhältnis zum Tod ändert sich im Leben des heutigen Menschen ebenfalls stufenweise, von der naiven Einschätzung durch das kleine Kind bis zum Begreifen der eigenen Sterblichkeit. Auf die bangen Fragen, die in diesem Zusammenhang auftauchen, haben weder das magische, noch das mythische, noch das rationale Denken eine gültige Antwort geben können.

Für den Paläolithiker war die Angst vor dem Tod und der Versuch, ihn durch die Magie zu überwinden, der unmittelbare Anlass zur künstlerischen Betätigung. In einem umfassenderen Rahmen bildet der menschliche Drang, über das sinnlich Erfahrbare zum Übersinnlichen zu gelangen, den Beweggrund zu schöpferischer Tätigkeit. R. OTTO bezeichnet das Magische als eine «Rohform» des Numinosen, das in der Kunst eine vollendete Gestaltung erfährt.

Wenn uns Kunstwerke auf «magische» Weise ergreifen, verbindet uns dieses Erlebnis mit unseren eiszeitlichen Ahnen, denen ihre Bilder auch Gleichnis waren für jenseits der Erfahrung liegende letzte Dinge.

«Wir alle sind die Erben dunkler Ahnen.
Was in uns spielt, was in uns treibt, wer weiss es;
wer kennt es, was Natur geheimen Fleisses
in uns gehäuft aus längst entschwundnen Bahnen.»

(Chr. Morgenstern, Mensch, Wanderer, 1903)

Abb. 211   Venusstatuette, Willendorf (A)

Abb. 212 Venusstatuette, Lespugue (F), (siehe Seite 58)

Abb. 213 Venusstatuette, Předmostí (ČSFR), (siehe Seite 59)

212

Abb. 214 «Venus» von Laussel mit Bisonhorn

Abb. 215 Punktzeichen neben kleiner Felsspalte (El Castillo)

Abb. 216 Männliches Zeichen mit stilisierten Vulven (El Castillo)

Abb. 217 Männliche Punktzeichen mit rechteckigen Gitterzeichen (El Castillo)

Abb. 218 Claviforme Zeichen (La Pasiega)

Abb. 219   Hengst auf Speerschleuder (Bruniquel)

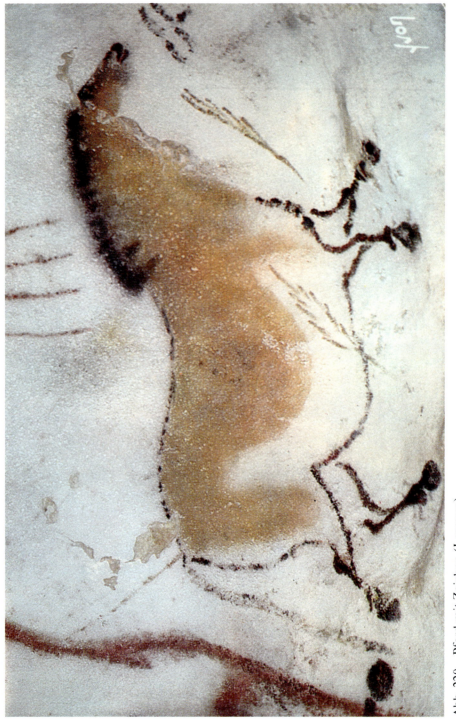

Abb. 220 Pferd mit Zeichen (Lascaux)

Abb. 221 Bisonkopf auf Lochstab (Isturitz)

Abb. 222   Bisons in polychromer Malerei (Lascaux)

Abb. 224　Bison an der Decke von Altamira

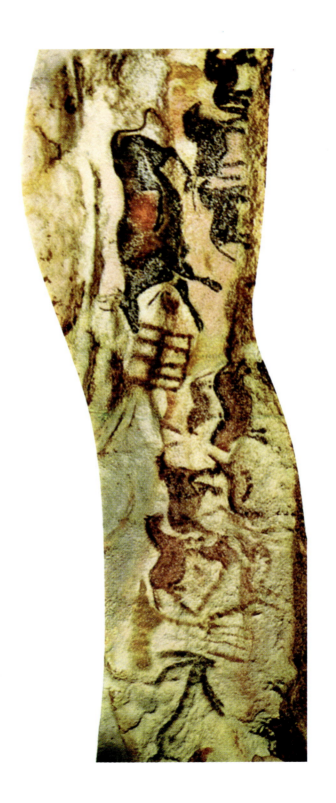

Abb. 225　Bilderfries von Lascaux

Abb. 226 Hirsch, rechteckiges Zeichen und Punktreihe (Lascaux)

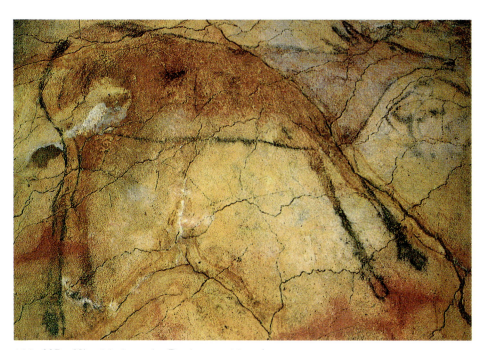

Abb. 227 Hirschkuh an der Decke von Altamira

Abb. 228   Steinbock in einer Komposition des «Salon Noir» von Niaux

Abb. 229   Capridenköpfchen (Tito Bustillo)

Abb. 230　Felidenkopf in Les Trois-Frères

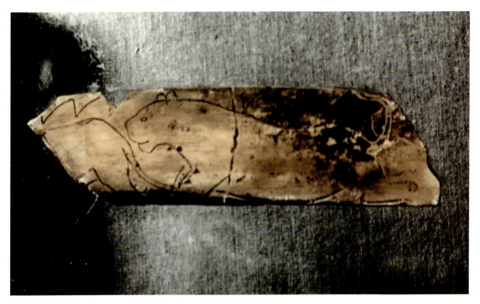

Abb. 231 Gravierung auf Knochenstück, La Vache

Abb. 232 Handnegativ in Gargas

Abb. 233   Pferde und Hände in Pech-Merle

Anhang

Übersichtskarte des franko-kantabrischen Gebietes

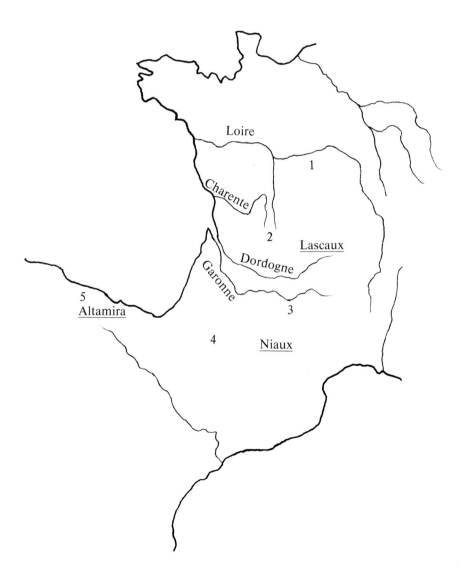

Legende zur Karte

1. Nord- und Ost-Frankreich
Angles-sur-Anglin
Arcy-sur-Cure
Chaffaud, Le
Marche, La
Saint Marcel

2. Charente-Périgord
Bernifal
Blanchard, Abri
Bourdeilles
Bruniquel
Castanet, Abri
Cellier, Abri
Combarelles, Les
Crèze, La
Ferrassie, La
Fontalès
Font-de-Gaume
Gabillou, Le
Gorge d'Enfer
Hoteaux, Les
Labatut
La Croze à Gontran, La
Lalinde
Lascaux
Laugerie-Basse
Laugerie-Haute
Laussel
Limeuil
Madeleine, La
Magdelaine, La
Montgaudier
Mouthe, La
Oreille d'Enfer
Placard, Le
Puy-de-Lacan, Le
Rouffignac
Saint-Cirq
Saint Germain-la-Rivière
Sous-Grand-Lac
Teyjat

3. Quercy
Cougnac
Murat, Abri
Pech-Merle
Pergouset
Rocamadour
Roucadour

4. Pyrenäen
Arudy
Bédeilhac
Brasssempouy
Enlène
Espélugues
Gargas
Isturitz
Labastide
Lespugue
Lorthet
Marsoulas
Mas d'Azil
Massat
Montespan
Niaux
Portel, Le
Tibiran
Trois-Frères, Les
Tuc d'Audoubert
Vache, La

5. Kantabrien, Asturien
Altamira
Castillo, El
Chimeneas, Las
Covalanas
Ekain
Meaza, La
Monedas, Las
Pasiega, La
Pendo, El
Pindal, El
Santimamiñe
Tito Bustillo

Verzeichnis der erwähnten paläolithischen Fundorte

Altamira (E, Santander)
Angles-sur-Anglin (F, Vienne)
Arcy-sur-Cure (F, Yonne)
Arene Candide (I, Ligurien)
Arudy (F, Basses Pyrénées)

Baume-Latrone, La (F, Gard)
Bédeilhac (F, Ariège)
Bernifal (F, Dordogne)
Blanchard, Abri (F, Dordogne)
Bourdeilles (F, Dordogne)
Brassempouy (F, Landes)
Brno (ČSFR, Mähren)
Bruniquel (F, Tarn-et-Garonne)

Castanet, Abri (F, Dordogne)
Castillo, El (E, Santander)
Cellier, Abri (F, Dordogne)
Chaffaud, Le (F, Vienne)
Chimeneas, Las (E, Santander)
Colombière, La (F, Ain)
Combarelles, Les (F, Dordogne)
Cougnac (F, Lot)
Covalanas (E, Santander)
Croze-à-Gontran, La (F, Dordogne)

Dolní Věstonice (ČSFR, Mähren)

Ekain (E, Guipúzcoa)
Enlène (F, Ariège)
Espélugues (F, Hautes-Pyrénées)
Eyzies, Les (F, Dordogne)

Farincourt (F, Haute Marne)
Ferrassie, La (F, Dordogne)
Fontalès (F, Tarn et Garonne)
Font-de-Gaume (F, Dordogne)

Gabillou, Le (F, Dordogne)
Gargas (F, Hautes-Pyrénées)
Gönnersdorf (D, Rheinland-Pfalz)
Gorge-d'Enfer (F, Dordogne)
Grimaldi-Grotte (I, Ligurien)

Hohlenstein-Stadel (D, Schwäbische Alb)
Hoteaux, Les (F, Ain)

Isturitz (F, Basses-Pyrénées)

Kesslerloch (CH, Kanton Schaffhausen)
Kostienki (UdSSR, Ukraine)

Lalinde, La Roche (F, Dordogne)
Labastide (F, Hautes-Pyrénées)
Labatut, Abri (F, Dordogne)
Lascaux (F, Dordogne)
Laugerie-Basse (F, Dordogne)
Laussel (F, Dordogne)
Lespugue (F, Haute Garonne)
Limeuil (F, Dordogne)
Lorthet (F, Hautes-Pyrénées)

Madeleine, La (F, Dordogne)
Magdelaine, La (F, Tarn)
Mal'ta (UdSSR, Sibirien)
Marche, La (F, Vienne)
Marsoulas (F, Haute-Garonne)
Mas-d'Azil (F, Ariège)
Massat (F, Ariège)
Meaza, La (E, Santander)
Monedas, Las (E, Santander)
Montespan (F, Haute-Garonne)
Montgaudier (F, Charente)
Mouthe, La (F, Dordogne)
Murat, Abri (F, Lot)

Nebra (D, Thüringen)
Niaux (F, Ariège)
Oberkassel (D, Nord-Rhein-Westfalen)
Oelknitz (D, Thüringen)
Oreille d'Enfer (F, Dordogne)

Pasiega, La (E, Santander)
Pech-Merle (F, Lot)
Pekárna (ČSFR, Mähren)
Pendo, El (E, Santander)
Pergouset, Le (F, Lot)

Petersfels (D, Baden-Württemberg)
Pileta, La (E, Málaga)
Pindal, El (E, Asturien)
Placard, Le (F, Charente)
Portel, Le (F, Ariège)
Předmostí (ČSFR, Mähren)
Puy-de- Lacan (F, Corrèze)

Rouffignac (F, Dordogne)

Saaleck (D, Thüringen)
Saalfeld (D, Thüringen)
Saint-Cirq (F, Dordogne)
Saint-Germain-la-Rivière (F, Gironde)
Saint-Marcel (F, Indre)

Santimamiñe (E, Biskaya)
Schischkino (UdSSR, Sibirien)
Sous-Grand-Lac (F, Dordogne)

Teyjat (F, Dordogne)
Tibiran (F, Hautes-Pyrénées)
Tito Bustillo (E, Asturien)
Trois-Frères, Les (F, Ariège)
Tuc d'Audoubert, Le (F, Ariège)

Vache, La (F, Ariège)
Veyrier (F, Haute-Savoie)
Vogelherd-Höhle (D, Baden-Württemberg)

Willendorf (A, Wachau)

Bibliographie

Aparicio Perez, J. und Mitarbeiter: El Arte Rupestre Levantino; Valencia 1982
Bachofen, J.J.: Das Mutterrecht; Neuauflage Benno Schwabe, Basel 1948
ders.: Grabsymbolik der Alten, 1859, Neuausgabe 1954 Basel
Bahn, P.G.: The Unacceptable Face of the West European Upper Paleolithic; Antiquity LII, 1978
Bandi, H.G.: Eiszeitkunst und Zoologie; Anthropos, Sonderabdruck Bd. 63, 1968
ders.: Mise bas et non défécation. Nouvelle interprétation de trois propulseurs Magdaléniens; Separatum, Espacio, Tiempo y Forma, Madrid 1988
ders. und Maringer, J.: Kunst der Eiszeit, Levantekunst und arktische Kunst; Holbeinverlag, Basel 1955
Barnes, F.A. Prehistoric Rock Art; Wasatch Publishers Inc., Salt Lake City 1982
Barrière, Cl.: Die Grotte von Gargas; Toulouse
Benoit, F.: L'héroisation équestre; Paris 1954
Biedermann, H.: Höhlenkunst der Eiszeit; DuMont Taschenbuch, Köln 1984
Binaut, P.: Les pratiques funéraires au paléolithique supérieur et au mésolithique; Histoire et Archéologie, cahier 66, 1982
Breuil, H.: Quatre cents siècles d'art pariétal; Centre d'études et de documentation préhistoriques, Montagnac 1952
Brøndsted, J.: The Vikings; Penguin Books 1960
Charrière, G.: La signification des représentations érotiques dans les arts sauvages et préhistoriques; Maisonneuve et Larose, Paris 1970
Childe, V. G.: Man makes himself; New American Library, New York, Toronto 1951
Clottes, J. u. Mitarbeiter: Oeuvres d'art mobilier magdaléniennes des anciennes collections du Mas d'Azil; Bull.Soc.Préhist.de l'Ariège, T. XXXVI 1981
Dumézil, F.: Le problème des centaures; Paris 1929
Eliade, M.: Le sacré et le profane; Gallimard, Paris 1965
ders.: Traité d'histoire des religions; Ed. Payot, Paris 1949
ders.: Histoire des croyance et des idées religieuses; id. 1976
Freud, S.: Totem und Tabu; Fischer Verlag, Frankfurt/M. 1956
García Guinea, M.A.: Altamira und andere Höhlen Kantabriens; Silex 1979
Gonzáles Echegaray, J. und Freeman, L.G.: Cueva Morín; Santander 1973
Graves, R.: The Greek Myths; Penguin Books Ltd. 1955
ders.: La Diosa Blanca; El Libro del Bolsillo, Madrid 1983
Griaule, M.: Dieu d'eau; Librairie Arthème Fayard 1966
Harding, E.: Frauenmysterien; Rascher, Zürich 1949
Jelínek, J.: Encyclopédie illustrée de l'homme préhistorique; Editions Artia, Prague 1973
Jung, C.G.: Symbolik des Geistes; Rascher, Zürich 1953
Klíma, B.: Die Kunst des Gravettien; in Die Anfänge der Kunst vor 30 000 Jahren, K. Theiss Verlag, Stuttgart 1987
König, M.: Am Anfang der Kultur; Ullstein KunstBuch 1981
Kühn, H.: Das Erwachen der Menschheit; Fischer Bücherei, Frankfurt/M. 1954
Lamalfa Diaz, C. y Peñie Minguez, J.: Las Cuevas de Puente Viesgo; Edition Everest, Léon 1981
Laming-Emperaire, A.: La signification de l'art rupestre paléolithique, Ed. Picard, Paris 1962

Lantier, R.: Prähistorische Kunst; Verlag de May, Düsseldorf 1961
Lengyel, L.: Le Secret des Celtes, M. Robert Ed. 1969
Leroi-Gourhan, A.: Les religions de la préhistoire; Quadrige/Puf Paris 1964
ders.: Prähistorische Kunst; Herder Verlag, Freiburg i. Br. 1971
Lévy-Strauss, C.: La pensée sauvage; Librairie Plon, Paris 1962
Lissner, Y.: Die Rätsel der grossen Kulturen; Walter Verlag, Olten 1962
Lurker, M.: Götter und Symbole der alten Ägypter; Scherz Verlag, Bern 1974
Marshack, A.: Roots of Civilisation; Mc Graw-Hill Book Co., New York 1972
Moure, A.: La Cueva de Tito Bustillo; Guias de Arqueologia Asturiana No. 2 1984
Müller-Beck, H. und Albrecht, G.: Die Anfänge der Kunst vor 30 000 Jahren; K. Theiss Verlag, Stuttgart 1987
Niessen, C.: Handbuch der Theaterwissenschaft, Bd. 1, 1953
Nougier, L.-R.: Die Welt der Höhlenmenschen; Artemis Verlag, Zürich u. München 1989
Otto, R.: Das Heilige; Beck'sche Verlagsbuchhandlung, München 1963
Pfiffig, A.J.: Religio Etrusca; Akadem. Druck- u. Verlagsanstalt, Graz 1975
Raphael, M.: Prehistoric Cave Paintings; Bollingen Found, New York 1945
ders.: Wiedergeburtsmagie in der Altsteinzeit; Fischer Taschenbuchverlag 1979
Renner, E.: Eherne Schalen; Verlag P. Haupt, Bern 1967
Ridley, M.: The Megalithic Art of the Maltese Islands; Dolphin Press, Poole Dorset 1971
Rosenberg, A.: Einführung in das Symbolverständnis; Herder Verlag, Freiburg i. Br. 1984
Robert, R.: Le faon à l'oiseau; Bull.Soc.préhst.Ariège T. VIII, 1953
Schrader, O.: Totenhochzeit; Jena 1904
Sharkey, J.: Celtic Mysteries; Thames and Hudson, London 1975
Stolz, A.: Schamanen; DuMont Taschenbuch, Köln 1988
Vandermeersch, B.: Les premières sépultures; Histoire et Archélogie No. 66 1982
Vialou, D.: Art Pariétal paléolitique Ariégois T. 87, Paris 1983
Volmar, F.A.: Das Bärenbuch; Verlag P. Haupt, Bern 1940
v. Zabern, Ph.: Zwischen Gandhara und den Seidenstrassen; Verlag Ph. v. Zabern, Mainz 1985
ders.: Malerei der Etrusker; Verlag Ph. v. Zabern, Mainz 1987

Glossar

Abri Felsüberdachung

Anus After

anthropoid menschenähnlich

anthropomorph menschengestaltig

apotropäisch unheilabwehrend

archaisch frühzeitlich

atavistisch urtümliche Zustände wiederholend

Aurignacien frühe Kulturstufe des Jungpaläolithikums. Beginn der Eiszeitkunst mit relativ primitiven Darstellungen von Tierköpfen, Genitalorganen usw.

Bovide Familie der Hornträger

Cerviden Familie der Hirsche

Carnivoren Fleischfresser

Chalkolithikum Kupfersteinzeit, Kulturstufe zwischen Jungsteinzeit und Bronzezeit

claviform schlüsselförmig

Divertikel Ausbuchtung

diskursiv begrifflich; Gegenteil: intuitiv

Ekliptik scheinbare Sonnenbahn

Equiden Familie der Pferde

Exogamie Gebot, ausserhalb einer bestimmten Gruppe (Sippe, Stamm) zu heiraten

Feliden Familie der Raubkatzen

funeral oder funerär Gräber betreffend

Glyphe Vertiefung, hier in Stein geschnittene Zeichen

Gravettien folgt auf das Aurignacien. Erste Werke der Parietalkunst wie z. B. Gargas. Wird manchmal auch zum Aurignacien gerechnet.

Herbivoren Pflanzenfresser

Hominiden Menschenartige im System der Primaten, zu denen die Frühmenschen gehören

Homo sapiens mit Vernunft begabter Mensch

Ideogramm Schriftsymbol, Bildzeichen

Ikone Heiligenbild, besonders der Ostkirche

Individuation Reifungsprozess der Persönlichkeit

ityphallisch mit erigiertem Penis

Kosmogonie Weltentstehung

Kykladenidole Marmorstatuetten der Kykladen aus dem 3. Jahrtausend v. Chr.

Levante-Kunst Felskunst der ostspanischen Küstenzone von ca. 8000 bis 5000 v. Chr.

Lingam Phallus, Sinnbild des Shiva; das weibliche Gegenstück ist die Yoni

lunar auf den Mond bezogen

Magdalenien klassische bis spätklassische Periode der Eiszeitkunst, von ca. 15 – 10 000 v. Chr. grösste Ausdehnung der Parietalkunst (Altamira, Niaux, Trois-Frères, usw.) gegen ihr Ende Überwiegen der mobilen Kunst.

Megalithbauten neolithische bis bronzezeitliche Grossbauten aus Stein, Bestattungs- und Kultplätze

Menhire megalithische, säulenartige Steinblöcke (keltisch = «langer Stein»)

Mesolithikum mittlere Steinzeit, die in W-Europa von 8000 bis 4000 vor heute dauerte. Epoche der spanischen Levante-Kunst.

Mousterien Zeit des Neandertalers. Werkzeugindustrie. Gebrauch von Ocker, Kerben auf Knochen und Stein. Keine figurative Kunst.

Neandertaler Homo sapiens neanderthaliensis, von ungefähr 100 000 bis 40 000 vor heute in der ganzen Welt verbreitet. Träger der Mousterienkultur.

Nekropole Totenstadt, Gräberstadt

Neolithikum Jungsteinzeit, Übergang zu sesshafter Lebensweise mit Ackerbau und Viehzucht

Oktopus grosse Tintenfischart mit acht Armen (Krake)

Paläolithikum Altsteinzeit. Unterteilt in unteres oder Altpaläolithikum mit den ersten Menschenarten, Mittelpaläolithikum mit Vorherrschen des Neandertalers und oberes oder Jungpaläolithikum mit dem Auftreten des modernen Menschen, des Homo sapiens sapiens

Paläolithiker Mensch der Altsteinzeit

Petroglyphe eingeritzte Felszeichnung

Phallus erigierter Penis

polychrom mehrfarbig

primordial ursprünglich

Psychopompos Seelenführer

Ritus religiöser Brauch

Rock-Art Felskunst der prähistorischen Indianer in den Canyon-Gebieten (Utah, Colorado, Arizona und New Mexico)

Sarkophag steinerner Prunksarg

Sepik Kultur eines Naturvolkes in Neu-Guinea mit viel funeraler Kunst

Skythen Nomadenvolk der eurasischen Steppen, ca. 8. Jahrh. vor bis 3. Jahrh. n. Chr.

solar auf die Sonne bezogen

Solstitium Sonnenwende

Solutréen folgt auf das Gravettien, meisterhafte Werkzeugindustrie, Vervollkommnung der künstlerischen Techniken (Lascaux, Pech-Merle usw.)

Stalaktit hängender Zapfen-Tropfstein

Stalagmit stehender Säulen-Tropfstein

Sufi Anhänger der islamischen Mystik

Triade Dreiheit

Tripoljekultur neolithisch- bis chalkolithische Kultur in der Ukraine und in Rumänien, Beginn ca. 3000 v. Chr.

Viereckschanze Heiliger Ort der Kelten mit Opferschächten

Vulva weibliche Scham

Dr. Gert Meier

Die Wirklichkeit des Mythos

155 Seiten, 13 Abbildungen, 1 Zeichnung, kartoniert Fr. 38.–/DM 46.–
ISBN 3-258-04108-3

Dr. Gert Meier

Im Anfang war das Wort

Die Spracharchäologie als neue Disziplin der Geisteswissenschaften
Eine Einführung

283 Seiten, 8 Tabellen, kartoniert Fr. 48.–/DM 57.–
ISBN 3-258-03960-7

Dr. Gert Meier

Und das Wort ward Schrift

Von der Spracharchäologie zur Archäologie der Ideogramme
Ein Beitrag zur Entstehung des Alphabets

242 Seiten, viele Zeichnungen, kartoniert Fr. 48.–/DM 58.–
ISBN 3-258-04425-2

Haupt